网络营销实务

主　编　何　牧　温丽容　黄强新

副主编　何双庆　翁小云　禤圆华

　　　　杨　凡　麦燕云

参　编　江宏潮　苏海颜　李晓凤

　　　　苏艳艳　徐亚锋

北京理工大学出版社

BEIJING INSTITUTE OF TECHNOLOGY PRESS

内 容 简 介

本书全面系统地介绍了网络营销的核心理论及其实践应用，旨在帮助读者理解网络营销的新时代特征，掌握数字化营销技巧，并学会运用数据和技术驱动的全网营销策略。

本书内容采用理实一体化的设计理念构建，以实践操作为主导，通过任务描述、任务实施、任务回顾、任务实训等模块，引导读者逐步深入，切实提升实际操作能力和问题解决能力。每个任务均设置了若干典型活动，让读者在实战中锻炼技能，深化理解。

本书可作为网络营销爱好者及新媒体从业人员的自学参考书籍。

图书在版编目（CIP）数据

网络营销实务 / 何牧，温丽容，黄强新主编 . -- 北京 : 北京理工大学出版社，2024.4

ISBN 978-7-5763-3917-8

Ⅰ . ①网… Ⅱ . ①何… ②温… ③黄… Ⅲ . ①网络营销 Ⅳ . ① F713.365.2

中国国家版本馆 CIP 数据核字（2024）第 090281 号

责任编辑： 李慧智　　　**文案编辑：** 李慧智
责任校对： 王雅静　　　**责任印制：** 施胜娟

出版发行 / 北京理工大学出版社有限责任公司
社　　址 / 北京市丰台区四合庄路 6 号
邮　　编 / 100070
电　　话 /（010）68914026（教材售后服务热线）
　　　　　　（010）63726648（课件资源服务热线）
网　　址 / http://www.bitpress.com.cn

版 印 次 / 2024 年 4 月第 1 版第 1 次印刷
印　　刷 / 定州市新华印刷有限公司
开　　本 / 889 mm × 1194 mm　1/16
印　　张 / 13
字　　数 / 251 千字
定　　价 / 89.00 元

前 言

随着互联网的深入发展和数字化浪潮的推进，网络营销已成为企业获取竞争优势、推动品牌建设及市场拓展的关键性手段。然而，网络营销的复杂性、多变性和创新性也为很多企业和个人带来了前所未有的挑战。

党的二十大报告明确指出，加快建设制造强国、质量强国、航天强国、交通强国、网络强国、数字中国。其中，网络强国建设承载着以习近平同志为核心的党中央的深切关怀、殷切期望。网络营销，作为数字经济时代的代表性商业模式，以其独特的优势和影响力，日益成为推动经济转型升级、促进消费升级的重要力量。因此，培养和造就一批具备专业素养和道德意识的网络营销人才，对于行业的健康长远发展具有举足轻重的意义。

全书精心布局，以心法篇、技法篇与功法篇为三大核心板块，全面深入剖析网络营销的精髓，为读者提供了一站式的网络营销知识体系。在心法篇中，我们将引导读者探寻网络营销世界的奥秘，剖析网络营销的内在逻辑与本质；在技法篇中，我们将详细介绍SEM、社交媒体营销及音视频营销等多种数字化营销手段，助力读者提升实操技能；在功法篇中，我们将聚焦于数据驱动电子商务营销及技术驱动场景化营销等前沿领域，揭示其内在规律及运用技巧。

本书致力于帮助学习者系统掌握网络营销的核心知识和技能，提升在网络营销领域的专业素养和竞争力，为行业的健康发展贡献力量。

本书的主要特点可以概括为以下几个方面：

1. 实战演练为核心，技能提升显身手

本书以广西特色项目为参考设计实战任务，如南宁柑橘、灵山绿茶、永福罗汉果等商品的网络销售。精心设计的任务活动，通过模拟真实场景与引入实际案例，引导读者亲身实践网络营销，使其在操作中磨炼技能，展现卓越身手。

2. 融合行业前沿技术，引领创新实践

本书紧跟网络营销技术的最新动态，引入了如人工智能、大数据、虚拟现实等前沿技术，并结合具体案例进行分析和解读。这些技术的引入不仅拓宽了读者的视野，也让他们能够了解和掌握最前沿的网络营销手段，为未来的职业发展做好准备。

3. 多维度思政融入，实现素质提升目标

本书巧妙地融合了网络营销的各个要素，特别设置了如"行业故事"和"素养课堂"等独特栏目，在图书内容及实训任务中以上林八角、广西油茶、广西螺蛳粉、荔波砂糖柚、刘圩香芋、广西壮锦等为例，并灵活融入了行业规范、健康发展理念、传统文化、政策方针以及民族特色等思政元素。

4. 信息化资源丰富多样，学习路径更畅通

本书配备丰富多样的信息化资源，包括课件、实训指导、案例库等，为读者拓宽学习渠道，提供便捷高效的学习支持。

本书在编写的过程中，参考并汲取了众多专家和学者的成果，在此表示衷心的感谢。然而，由于网络营销行业发展迅速，技术和策略不断更新，书中难免存在一些疏漏之处，敬请专家和读者提出宝贵意见和建议，以便我们在未来的修订中不断完善和提升图书质量。

编　者

目录 CONTENTS

心法篇：搞懂新时代网络营销

项目一　探秘网络营销世界

项目概述

在数字化浪潮席卷的今天，网络营销不仅是企业实现数字化转型的重要途径，也是推动企业收益持续增长的关键因素。随着互联网技术的发展和信息时代的到来，网络营销已从一个辅助工具演变为企业战略规划中不可或缺的部分。从概念的提出到战略的执行，网络营销成为连接企业与消费者、打造品牌影响力的桥梁。

本项目分别从剖析网络与网络营销、探寻网络营销的本质、解构网络营销战略三个方面展开讲解，使读者掌握网络营销的关键知识点，可以深入了解网络营销的理论基础、探索其本质特征，并通过分析具体的营销战略，掌握网络营销的实战技巧，从而为将来在商业环境中应用网络营销策略奠定坚实的基础。

项目预览

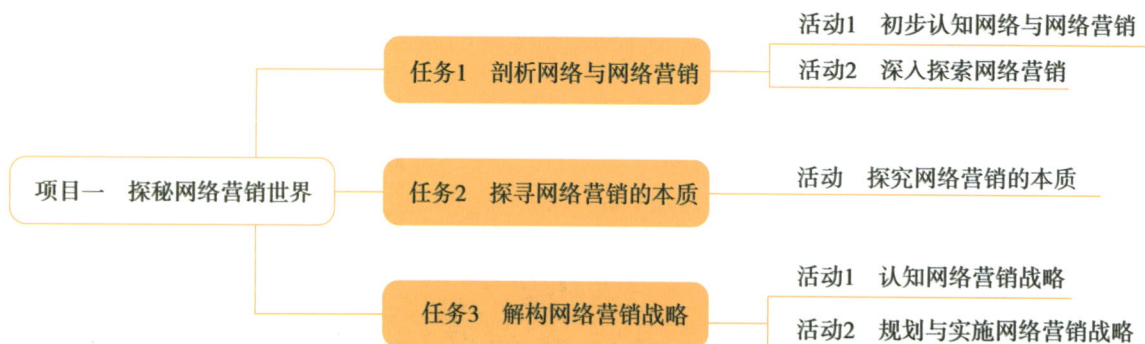

项目目标

知识目标

1. 了解网络与网络营销的概念及关系；

2. 熟知网络营销的特点、方式和实施流程；

3. 理解网络营销的本质及其特征；

4. 熟悉网络营销战略的基本概念、目标及模式；

5. 了解网络营销战略的规划与实施技巧。

能力目标

1. 能够利用网络收集和整理相关资料；

2.能够对网络营销案例做出简单的分析；

3.能够根据具体的要求，完成网络营销活动的实施工作；

4.能够根据具体要求完成营销战略的规划与实施。

素养目标

1.具备法律意识和社会责任感，能够在网络营销实践中宣传积极的价值观念和文化理念，保护消费者权益和个人隐私，维护社会公序良俗；

2.具备文化传承与创新能力，能够在网络营销中尊重并积极传播中华优秀传统文化，推广绿色消费与可持续发展理念，提升品牌形象，引领社会风尚。

引导案例

苏宁易购：电商巨头的策略转型

苏宁易购作为苏宁电器下属的 B2C 网上购物平台，不仅成功将传统家电、3C 产品和日用百货业务扩展至网络市场，而且在与电商巨头天猫和京东等激烈竞争的过程中，展现了其不凡的实力和品牌魅力。

苏宁易购之所以能够迅速从电商新手跻身为行业领先者，其战略转型颇具见地。苏宁通过整合实体店与在线平台，创造了一个高效的线上线下一体化供应链模式，为消费者提供了无缝连接的购物体验。门店自提服务的引入不仅优化了消费的便捷性，同时增强了品牌与顾客之间的实际联系。更进一步的是，苏宁易购携手全品类商品战略，构建起了一站式购物平台，满足了消费者日益增长的多样化需求。关键的一步是，依托于自有的全国性售后服务网，苏宁为消费者带来了可靠的本地化服务支持，这一点在电商竞争中显得尤为重要。最后，苏宁易购的灵活而具竞争力的定价策略，证明了它在激烈的市场价格竞争中强劲的应变能力。

（资料来源：苏宁官网）

【问题思考】

传统企业做电商已是大势所趋、不可逆转。企业网络营销推广方案的策划者及执行者要确保能够将企业现有品牌及优势，在互联网上予以延续拓展，并发扬光大。本案例需要思考以下几个问题：

1.苏宁易购的案例对于其他传统企业在进行网络营销时有哪些启示？在制定长远的网络营销战略时，应考虑哪些因素以保障可持续发展？

2.对比苏宁易购的线上线下一体化模式，分析其他传统产业在融合过程中可能遇到的阻碍及解决思路。

任务1 剖析网络与网络营销

任务描述

小梅，一位电子商务专业的毕业生，怀揣着创业的热情与梦想，计划在广西南宁开启她的网店创业之路，她希望通过网络营销将南宁的优质农产品推广至全国乃至全球市场。为了顺利开启创业之旅，她迫切需要深入了解网络营销的实际运作情况，构建网络营销的基本思维框架，为日后的网络营销活动奠定坚实基础。

任务实施

活动1 初步认知网络与网络营销

在开展网络营销活动之前，首先需要对网络与网络营销有一个初步的认知。小梅可以通过以下步骤对网络营销做出初步的了解与认知。

步骤1：理解网络与网络营销概念

小梅可以通过多种方法来理解网络与网络营销的概念，如在线学习资源、在线论坛和社交媒体、网络研讨会和线上培训、实际案例分析、专业书籍等。通过这些方式，小梅可以初步理解网络与网络营销的大致含义。

知识链接

互联网（网络）是一个全球性的计算机网络系统，它提供了各种信息和通信设施，包括连接到这个网络的设备和基础设施。互联网使得人们能够快速地交换信息，并能够无缝连接全球各地。

网络营销（又称电子营销或在线营销）是指利用网络通信技术或其他数字化媒体渠道来推广和销售产品或服务的一种电子商务活动。简而言之，网络营销就是以互联网为载体，以网络用户为中心，以市场需求和认知为导向，利用各种网络手段去实现企业营销目的的一系列行为。

步骤2：探索网络与网络营销的关系

在了解了网络与网络营销的基本概念之后，小梅还需要进一步探索网络与网络营销的关系。通过自学探究，她认为网络是通过大量计算机将通信链路互相连接而形成的，其核心是信息的共享与传递。而网络营销则利用互联网技术和相关营销策略，通过各种网络平台和媒体传播、推广产品或服务，并与潜在客户建立双向交互关系，以更好地满足客户需求和市场需求。

网络的主要优势在于信息传播速度快、覆盖面广、互动性强，而网络营销可以通过网络平台和媒体实现更好的营销效果。例如，互联网和社交媒体都是网络营销的常用媒介，可以通过这些媒体发布广告、文章、图片、视频等，并通过搜索引擎和社交媒体平台实现推广效果。同时，网络营销还可以分析客户数据，更好地了解客户需求，精准营销，提高营销效果。通过这些信息，小梅具备了较为系统化的认知。

知 识 链 接

网络与网络营销有密切的关系。网络是网络营销的基础和支撑，而网络营销则是利用网络这一媒介，创造更好的营销效果。网络的稳定性、流量速度和用户体验也会影响到网络营销的成功与否。

搜一搜

搜索 1971 年、1994 年、1995 年在网络营销领域诞生的新事物，并完善表 1-1。

表 1-1　网络营销的发展历程

年份	诞生代表	说明
1971 年		
1994 年		
1995 年		

（小提示：1971 年诞生了全球第一封电子邮件，1994 年诞生了第一个网络广告和 Yahoo 搜索引擎，1995 年全球第一个网上商店亚马逊诞生。）

活动 2　深入探索网络营销

在深入探索网络营销的过程中，小梅逐步梳理网络营销的特点、探索不同的网络营销方式以及梳理网络营销实施的基本流程。这些步骤为后期顺利开展网络营销活动奠定基础。

步骤 1：梳理网络营销特点

通过资料查询，小梅将网络营销的特点总结为交互性、公平性、时域性、发展性、高效性、整合性等。那么这些特点具体是如何体现的呢？

1. 交互性

网络营销通过互联网提供的工具，如在线聊天、评论系统、社交媒体互动等，使商家和消费者之间可以实时沟通。用户可以直接参与到产品开发和改善过程中，提供反馈，使产品和服务更贴合消费者需求。

2. 公平性

网络为各规模企业提供了公平竞争的环境。小型企业通过精心策划的网络营销活动，例如搜索引擎优化和社交媒体营销，可以与大企业竞争，获得广泛曝光。

3. 时域性

由于互联网可不受时间和空间的约束进行信息交换，企业营销活动脱离时空限制进行交易成为可能，企业有了更多时间和更大空间进行营销，可以实现每周 7 天，每天 24 小时随时随地提供全球性营销服务，最大程度地占领市场份额。

4. 发展性

随着互联网技术的快速发展和普及，网络营销工具和平台也在不断进步和扩展。这使得网络营销的策略和方法需要与时俱进，以吸引不断变化的消费者群体。

5. 高效性

网络营销具备高效的信息传播能力。借助搜索引擎、社交媒体等渠道，企业能在短时间内将营销信息推送给大量潜在客户，极大地提高了信息传播的速度和传播范围的广度。

6. 整合性

网络营销可以整合不同的营销渠道和策略，如内容营销、电子邮件营销、社交媒体营销等，形成一个连贯的营销计划。这种整合确保了信息的一致性，提高了品牌认知度和效率。

步骤 2：探索网络营销方式

随着网络技术的发展及网络用户的增加，网络营销已经成为各大商家采用的主要营销手段，小梅作为一名网店创业人员，需要对其竞争对手的网络营销方式进行分析。

1.SEM

小梅通过百度搜索时发现，竞争对手的名称还没有完全输入完，输入法中已经联想出了公司的名称，而当她点击搜索后，有关竞争对手的词条大量出现在百度搜索页面上。电商专业的小梅很快就明白，这是竞争对手通过百度推广提交网站信息进行的 SEM 搜索引擎营销（Search Engine Marketing），如图 1-1 所示。

知识链接

目前主流搜索引擎均提供这类服务。其关键词排名方式通常包括两种，即自然排名和竞价排名。

自然排名是根据搜索引擎算法而获得排列结果，当搜索某个关键词时，搜索引擎根据对该关键词相关网页分析的结果进行排列，因为是按照自然的方式进行排名，所以具有费用低、整体效果好的优点，然而也是自然排名的原因导致了其运营优化的周期长并且当其内容与做过竞价排名的内容相同时，只能排在竞价排名的后边。竞价排名是一种按效果付费的网络推广方式，依照潜在客户的访问数量来计算费用，因此竞价排名具有见效快的优点，而缺点是费用高、推广效果不稳定，一旦停止付费可能关键词排名就会变动。

图 1-1　SEM 搜索引擎营销

2. 微博营销

近些年，随着微博、微信的发展，越来越多的用户倾向于通过这些渠道来获取新闻资讯和娱乐内容。小梅为了深入了解竞争对手的营销策略，开始关注他们的微博动态。通过观察，她发现竞争对手在微博中进行了大量推广、宣传，小梅将这些内容归纳为商品展示、店铺活动、周边信息、热点转发等类型。

图 1-2　微博营销

通过对这些内容的分析，小梅认识到微博作为一个宣传平台的巨大潜力。微博不仅能够让品牌以多样化的形式传播信息，而且还能够有效地与粉丝互动，增强用户的参与感和忠诚度。可以说，微博营销不仅能够丰富营销的手段，还能够提升营销效果，加深消费者对品牌的认知。微博营销如图 1-2 所示。

3. 微信营销

浏览完竞争对手的微博后，小梅迫不及待地关注了其微信订阅号。与微博营销相比，她发现竞争对手的微信订阅号展现了不同的特点和优势，比如，内容互动性、针对性、移动性更强。小梅从中认识到，微信营销的优势在于其高度的个性化和互动性，以及对移动端用户的直接覆盖。这些特点使得微信成为一个极具潜力的营销工具，能够帮助企业更精准地触达目标用户，加强与消费者的联系，从而提高品牌影响力和销售成绩。微信营销如图1-3所示。

图1-3　微信营销

4. 网络广告营销

小梅在了解分析竞争对手网络营销方式的过程中，感受到网络广告在其网络营销方式中占比很高。竞争对手在淘宝、京东、苏宁等电商平台上的长期广告投放，为其带来大量的品牌曝光率。不可否认，这是一种行之有效的营销方式。

5. 其他网络营销方式

除了以上几种网络营销方式以外，小梅还了解到邮件营销、论坛营销、QQ营销、问答营销等都是企业常用的网络营销方式。

动手小练

　　假设你是一家新创企业的市场营销负责人，该企业生产出一款新型智能手环，主要功能包括健康监测、运动追踪和智能提醒。目前需要制订一个网络营销计划，以推广这款产品并吸引潜在客户。

　　请你为该产品选择合适的网络营销方式，并说明理由，最后将结果呈现在表1-2中。

表1-2　选择网络营销方式

网络营销方式	选择理由

步骤3：梳理网络营销的基本实施流程

通过以上内容的学习，小梅对网络营销有了较为深入的理解。通过深入学习和总结，她对网络营销的实施流程进行了细致化的梳理。她认为，开展网络营销活动需要遵循以下几个关键步骤。

1. 明确网络营销任务

在这一步骤中，企业需要确定网络营销的目的和目标。这通常涉及对企业的市场定位、品牌价值和营销目标的深入理解。制定清晰的营销目标是成功执行网络营销活动的基础，这些目标应该是具体的、可衡量的，并且与企业的整体战略相一致。

2. 网络市场细分，确定目标客户

通过市场细分，将广泛的潜在客户群体分成具有相似需求或特征的小群体。这使得营销活动可以更精准地对接目标客户，提高转化率。细分市场后，企业可以创建详细的买家偏好档案，以指导后续的营销内容和策略。

3. 确定网络营销渠道

根据目标客户的在线行为和偏好，选择最合适的营销方式与渠道来传播营销信息。这些渠道可能包括社交媒体、电子邮件营销、内容营销、付费广告。每种渠道都有其特定的优点和最佳实践方法，因此，需要结合企业的营销目标和资源进行合理规划。

4. 衡量网络营销效果

最后，有效的网络营销活动需要进行持续评估和优化。通过设定关键绩效指标（Key Performance Indicator，KPI）来衡量活动的成功程度，这些指标可能包括网站访问量、转化率、活动参与度、顾客满意度等。根据这些数据，企业可以了解哪些策略起作用，哪些需要改进，从而不断优化网络营销效果。

行业故事

作为全球最大的电子商务和云计算公司之一，亚马逊通过其强大的网络平台和网络营销策略取得了巨大成功。

亚马逊建立了全球性的网络基础设施，包括网站、移动应用程序等，使消费者能够方便地浏览和购买商品。同时，亚马逊通过快速、可靠的物流系统，实现了订单的及时配送，为客户提供了良好的购物体验。此外，亚马逊采用了多种策略，包括个性化推荐系统、电子邮件营销、社交媒体营销等。通过分析海量的用户数据，亚马逊能够向客户展示符合其兴趣和购买历史的产品，提高了销售效率。此外，亚马逊还积极利用社交媒体平台进行营销推广，与客户进行互动，并通过优惠活动和广告吸引更多消费者。

【案例思考】

阅读本案例后思考：亚马逊是如何通过网络营销策略和网络基础设施，使企业在全球范围内扩大市场份额并取得卓越的营销成果的？

任务回顾

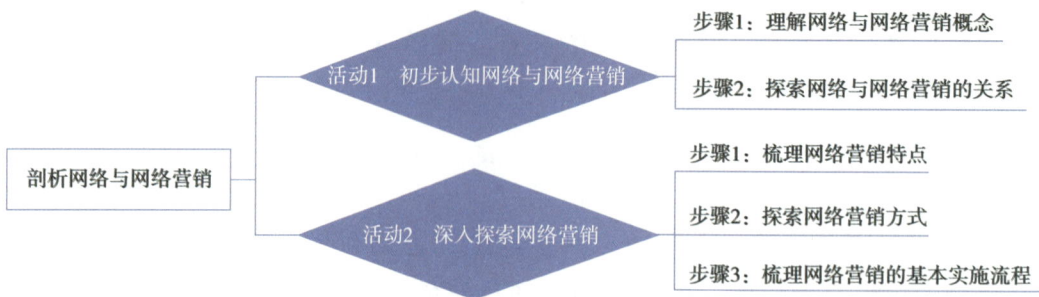

任务实训

网络营销活动实训——广西特色产品的网络营销活动

一、实训概述

本任务实训为网络营销实训，学生通过该实训，不仅可以将理论知识应用到实践中，还能通过具体的网络营销行动，学习如何提升广西特色产品的市场知名度和销量，为当地农业发展和文化传承做出贡献。

二、实训素材

（1）相关实训软件。

（2）智能手机实训设备。

三、实训内容

学生自由分组，并推选一名组长，由组长根据小组情况进行任务分工，最后以小组为单位针对实训背景进行实训操作。在实训中，教师指导并帮助学生完成实训内容。

四、实训背景

广西油茶（见图1-4）是广西当地的传统饮品之一，它不仅是广西人民饮食文化的重要组成部分，还蕴含着丰富的地方特色和深厚的文化底蕴。它以制作工艺独特和有益健康而闻名，深受当地及广西周边消费者的喜爱。

随着现代社会健康生活理念的普及和传统文化的复兴，广西油茶呈现出巨大的市场潜力，尤其在追求自然和健康生活方式的年轻消费群体中。在这一背景之下，

图1-4　广西油茶

学生可以选择以相关营销人员的身份，利用所学的理论和技能，为广西油茶设计一场创新且实用性强的网络营销活动，帮助广西油茶占领更大的市场，并在年轻消费者中建立强大的品牌认知。

五、实训任务

1. 制定网络营销方案

学生在教师的指导下，通过浏览广西地区相关论坛、淘宝网等方式搜集资料，了解广西油茶在网络平台的营销开展情况，包括网络营销目的、营销方式、营销内容、目标人群定位、产品特色等，最后完成表1-3的填写。

表1-3 制定网络营销方案

网络营销目的	例：开拓广西油茶的销售市场
网络营销方式	
网络营销内容	
目标人群定位	
产品特色	

2. 确定网络营销方式

学生根据所制定出的网络营销方案，确定两个你认为合理的营销方式，简单说明选择该方式的理由，最后完成表1-4的填写。

表1-4 确定网络营销方式

营销传播渠道	理由

3. 实施网络营销活动

学生根据所确定的网络营销方式模拟实施，在小组或者班级内实施网络营销活动，并完成表1-5的内容填写。

表1-5 实施网络营销活动

实施阶段	实施方式	实施细则
初期		
后期		
总结网络营销的步骤		

在执行网络营销活动过程中，可选择图1-5所示的参考图片。

图1-5　广西油茶参考图

任务2　探寻网络营销的本质

任务描述

本任务旨在帮助小梅深入理解网络营销的本质，并梳理网络营销的特征，以提供指导、引发思考，建立起对网络营销的全面认识。在步骤1中，小梅将思考网络营销与传统营销的差异，剖析网络营销在数字环境中的独特优势。在步骤2中，通过梳理网络营销的特征，小梅能够更好地理解如何有效地利用网络平台和数字化工具来推广产品或服务，并与受众建立有意义的连接。

通过完成该任务，小梅将具备全面的网络营销认识和理解，能够运用所学知识指导今后的网络营销活动，并为实现营销目标提供具体的策略和思路。

任务实施

活动　探究网络营销的本质

在当今数字化信息时代，网络营销已成为企业和品牌最重要的推广方式之一。通过互联网渠道，利用最新的数字化工具和技术手段，以及深刻的市场洞察和用户分析，可以实现企业和品牌的价值最大化。因此，学习和掌握网络营销的本质对于企业和品牌来说是至关重要且不可替代的。

步骤 1：理解网络营销的本质

小梅认为，想要真正理解网络营销的本质，首先必须理解传统营销和互联网营销的区别和联系。在传统的营销中，营销活动主要依赖传统媒体实现。而在互联网营销中，互联网作为主要营销渠道，引入了更多有针对性的数字化工具和技术手段。这些工具和技术手段包括搜索引擎优化（Search Engine Optimization，SEO）、搜索引擎营销、社交媒体营销、内容营销、名人营销、电子邮件营销等。

网络营销的目标是通过运用互联网和在线平台，提高品牌知名度、吸引潜在客户、促进用户参与并提高销售转化率。因此，小梅得出网络营销的本质是以互联网为媒介，以用户为中心，利用传统市场营销理论和方法进行产品、服务或品牌的推广和销售，以达到提高购买率、增加收益和提升品牌形象等目标。

知识链接

传统媒体和新媒体是两种不同的媒体形态，它们的主要区别在于传播方式、传播范围和互动性等方面。

（1）传统媒体。传统媒体指那些传统的通信传播媒介，包括电视、广播、报纸、杂志和户外广告等，主要通过某种机械装置定期向社会公众进行信息传播，传播范围通常受限于地理位置和媒体的分发渠道，用户接收较为被动。

（2）新媒体。新媒体指利用互联网和数字技术进行信息传播和交流的媒体形式，主要包括互联网、社交媒体、移动应用、在线视频等。它通过互联网进行信息传播，用户可以根据自己的需求和兴趣主动搜索、获取和分享信息。内容的制作和发布也更为灵活和多样。任何人都可成为内容创作者和传播者，信息传播更加民主和广泛。

步骤 2：梳理网络营销的本质特征

想要探寻并深入理解网络营销的本质，小梅还需要梳理出网络营销的本质特征。通过资料查询，小梅认为网络营销的本质特征包括以下几个方面：

1. 数字化营销

网络营销利用数字技术和在线平台，将传统的市场营销活动转为数字和在线化的形式，通过互联网和各种数字工具，实现信息传播、产品展示和交互式营销。

2. 客户导向

网络营销注重研究目标受众的需求、兴趣和偏好，并通过个性化、定制化的推广手段和内容，提供有价值的解决方案和个性化的体验。通过精准定位和个性化推送，提高用户参与度和忠诚度。

3. 数据驱动决策

网络营销倚重数据的收集、分析和应用。通过分析用户行为、市场趋势和竞争对手表现，持续优化营销策略和决策，提高效果和投资回报率。

4. 双向互动

网络营销强调与目标受众之间的双向互动，通过社交媒体、在线聊天和用户评价等形式，建立实时的双向互动与用户交流，用户可以直接参与、提问、评论和分享。

5. 全球覆盖

网络营销具有全球覆盖的特性，通过互联网的无边界性，可以将产品或服务迅速推广到全球范围内的潜在客户。企业可以打破地理限制，扩大市场范围和影响力。

综上所述，网络营销的这些本质特征使网络营销成为一种更加精准、高效和可追踪的营销方式。因此，网络营销的本质是利用互联网和数字化技术，以客户为中心，通过数据驱动决策和双向互动的方式，实现全球化推广和与目标受众建立有效连接的市场营销活动。

动手小练

网络营销还具有哪些本质特征？选择其中一项特征，详细解释其对于网络营销成功的重要性，并给出一个具体的案例说明，将结果呈现在下面横线处。

_____

_____

行 业 故 事

Nike 的 "Just Do It" 系列广告自 1988 年以来一直是激励人们积极参与运动和追求梦想的核心主题。通过视频和图像的形式，系列广告在电视、互联网等渠道广泛传播，充分展现了网络营销的本质。

其中，2018 年的 Believe in Something 广告是这个系列广告中最著名的一个案例。这个广告由 Nike 与美国橄榄球运动员科林·卡佩尼克（Colin Kaepernick）合作制作。卡佩尼克是一位积极参与社会正义运动的人士，他在比赛中跪下抗议种族不平等和警察暴力。这则广告通过情感化的真实素材和激励人心的讲述，传达了"相信某些事情，即使意味着牺牲一切"的信息。

通过与社会议题相关的合作伙伴、情感化的讲述和多渠道的传播，Nike 打造了一个引人入胜且具有感染力的广告，成功地传递了品牌价值观，并给受众留下了深刻的印象。

【案例思考】

阅读本案例后思考：Nike 网络营销背后的本质是什么？

任务回顾

探寻网络营销的本质 —— 活动　探究网络营销的本质 —— 步骤1：理解网络营销的本质

步骤2：梳理网络营销的本质特征

任务实训

网络营销的本质训练——探寻广西当地特色农副产品企业网络营销本质

一、实训概述

本任务实训为探寻网络营销的本质，学生通过该实训，不仅可以将理论知识应用到实践中，还能通过具体的网络营销行动，学习如何提升广西特色产品的竞争力和知名度，同时为当地农业发展和文化传承做出贡献。

二、实训素材

（1）相关实训软件。
（2）智能手机实训设备。

三、实训内容

学生自由分组，并推选一名组长，由组长根据小组情况进行任务分工，最后以小组为单位针对实训背景进行实训操作。在实训中，教师指导并帮助学生完成实训内容。

四、实训背景

A公司是一家销售广西当地特色农副产品的企业，主要产品有芋头、柚子、荔枝等。随着互联网的迅速发展和消费者购物习惯的改变，A公司意识到网络营销对于提升产品知名度和开拓市场至关重要。然而，在过去的市场推广中，A公司过于简化了对网络营销的理解，将其仅限于在线广告投放和社交媒体宣传。这种错误认知导致A公司出现品牌知名度不足、线上销售渠道建设不完善以及与目标受众缺乏有效连接等问题。为了解决这些问题，A公司决定针对网络营销本质进行一次实训，旨在使团队成员充分理解网络营销的核心，通过实际操作来提升品牌知名度、扩大市场份额，并与目标受众建立起有意义的连接，为企业后期的发展奠定坚实基础。

五、实训任务

1. 理解网络营销的本质

学生首先需要从本质上理解网络营销，包括与传统营销的区别、网络营销的优势以及网络营销的核心要素等。请学生通过小组讨论和资料查询，理解网络营销的本质，并将所形成的结果写在下面横线处。

_____

_____

2. 探索网络营销的本质特征

学生根据所理解的网络营销本质，进一步探索网络营销的本质特征。然后结合这些本质特征进行案例背景的分析，理解这些特征对该企业网络营销的重要性和应用方式。最后完成表 1-6 的填写。

表 1-6　探索网络营销的本质特征

本质特征	重要性	应用方式

任务3　解构网络营销战略

🅑 任务描述

在本任务中，小梅将通过学习和实践，了解网络营销战略，并掌握规划和实施网络营销战略的方法和技巧。本任务分为两个活动，包括认知网络营销战略及规划与实施网络营销战略。通过这些活动，小梅将学会如何制定适合的网络营销战略，并将其应用于实践中。

🅑 任务实施

活动1　认知网络营销战略

步骤1：理解网络营销战略概念

小梅了解到，网络营销战略是企业市场营销战略的重要组成部分，是指企业在现代网络营销理论指导下，在不断变化的网络市场环境中，通过界定营销资源、构建和调整营销活动等手段，为实现营销目标而进行的全面规划和长远设想。其特点包括对资源进行取舍、聚焦效能、强调重大问题、注重长远发展等。

步骤2：梳理网络营销战略目标

网络营销战略目标是指企业在实施网络营销策略时所追求的具体成果和预期效果。这些目标通常与企业的整体战略目标和营销目标相一致，并通过网络营销手段实现。梳理网络营销战略目标，其核心价值在于为企业明确网络营销的清晰导向与具体目标，进而有针对性地制定战略方案与行动计划，确保实现预期效果。

在此过程中，小梅依据目标受众群体的特征与需求，通过深入思考和梳理网络营销战略目标，为自己的店铺制订出更加有针对性和有效的网络营销计划，从而提升营销效果和店铺的竞争力。

步骤3：分析网络营销战略模式

在进行网络营销战略模式的分析时，小梅可以先了解不同网络营销模式通过何种机制实现何种目标。她需要评估各种网络营销手段和平台对产品销售、品牌知名度以及客户忠诚度等方面的影响。随后，小梅可以根据店铺的特点和目标顾客的需求特性，选择最合适的网络营销模式。这有助于针对特定市场环境和目标受众，制定最有效的网络营销策略，从而提高店铺的市场竞争力和营销效果。

通过深入分析网络营销战略模式，小梅可以更准确地把握不同网络营销模式的优势和限制。她可以据此调整和优化店铺的网络营销策略，以实现更好的市场表现和业务成果。

知识链接

网络营销应考虑以下几种类型的目标：

（1）销售型目标。销售型网络营销目标主要通过网络营销拓宽销售渠道，借助互联网特性为顾客提供便捷的在线购买体验，具体可设定在线收入贡献指标或SMART目标。

（2）服务型目标。服务型网络营销目标主要是为顾客提供在线咨询和售后服务，以满足远程服务需求，提高客户满意度。

（3）品牌型目标。品牌型网络营销目标主要通过网络建立企业的品牌形象，加强与顾客的直接联系和沟通，增加顾客的品牌忠诚度，配合实现企业现行营销目标，并为企业的后续发展打下基础。

（4）提升型目标。提升型网络营销目标主要通过网络营销替代传统营销手段，降低营销成本，提高效率，促进营销管理和提高企业竞争力。

（5）混合型目标。混合型网络营销目标力图同时达到上述目标中的若干种。如亚马逊通过设立网上书店作为其主要销售业务站点，同时创立世界著名的网站品牌，并利用新型营销方式提升企业竞争力。

活动 2　规划与实施网络营销战略

步骤 1：规划网络营销战略

网络营销作为信息技术的产物，具有很强的竞争优势，企业实施网络营销时需要考虑多个因素，包括企业目标、规模、顾客数量和购买频率、产品类型、产品周期及竞争地位等；同时还要考虑企业是否支持技术投资，并了解技术发展状况和应用情况。

小梅了解到，网络营销战略一般需要经过三个阶段。一是确定目标优势，分析实施网络营销能否促进企业市场增长、改善收入增长和降低营销成本。二是分析计算收益，要考虑战略性需求和未来收益。三是综合评价网络营销战略，需要考虑成本效益问题、新的市场机会及企业的综合管理能力。

一旦确定采取网络营销战略，企业需要组织战略的规划和执行。网络营销不仅仅是一种新的营销方法，它通过采用新技术来改进当前的营销渠道和方法，涉及企业的各个方面。如果不进行有效的规划和执行，网络营销战略可能只是一种额外的营销方法，无法体现出战略的竞争优势，反而增加了企业的营销成本和管理复杂性。

知 识 链 接

网络营销战略规划通常包括以下几个阶段：

（1）目标规划。确定采用某一战略的同时，识别与之相关的营销渠道和组织，提出改进目标和方法。

（2）技术规划。网络营销需要强大的技术支持，因此需要统筹资金投入、系统购买和安装设备及人员培训等方面的事项。

（3）组织规划。实施网络营销需要对企业的组织结构进行调整，如增加技术支持部门和数据采集处理部门，并相应调整原有的销售部门等。

（4）管理规划。组织结构变化后需要进行管理的调整，企业的管理方式必须适应网络营销的需求，例如，销售人员除了负责销售产品，还应记录顾客的购买情况等。

步骤 2：实施网络营销战略

在完成了网络营销战略的规划之后，小梅将进入网络营销战略的执行阶段。网络营销战略的实施是一个系统的工程，首先应加强对规划执行情况的评估，判定是否充分发挥了此战略的竞争优势和有无改进余地；其次对执行规划时的问题及时识别和加以改进；最后是对技术的评估和采用，确保新技术的引入能够有效支持网络营销战略。同时需要注意，采用新技术可能会改变原有的组织和管理规划，因此对技术进行控制是网络营销的一个重要方面。

网络营销的规划和实施不仅关注技术，还需要从整体营销战略、营销部门管理和规划，以及营销策略制定和实施等方面进行综合调整。小梅在实施网络营销战略时，应关注各个方面的协调和配合，确保网络营销战略的顺利实施，以适应市场环境和技术发展的变化。

动手小练

假设你是某中小型时尚品牌的市场营销经理，公司专注于设计和销售高端时尚服装，目标客群为中高收入的时尚爱好者。因市场竞争激烈，目前需要制定一套全面的网络营销战略，以提高品牌曝光度，吸引更多目标客户，增加销售额并巩固市场地位。

请你为该公司规划网络营销战略并安排实施，重点讨论目标、技术、组织和管理等方面的考量和安排，最后将结果呈现在表 1-7 中。

表 1-7 规划与实施网络营销战略

网络营销战略	内容
确定目标客户群体	
技术基础与工具选择	
组织架构与人员安排	
管理与执行	

行业故事

海尔集团以优质的服务闻名，不仅在实体店中重视服务与质量，还在网站的建设上运用了网络营销战略，时刻把客户的需要与利益放在第一位，把企业做成了全球知名的家电品牌。

海尔集团在网络营销上采取了多种战略。首先，他们通过网上商店推出网络定制冰箱业务，致力于创新，承诺能够实现顾客的各种想法，以满足顾客个性化需求，从而迅速获取大量订单。此外，他们还注重友情链接与合作，通过设置友情链接为其他网站做标志广告，增强了品牌知名度。

另外，海尔还成立了电子商务公司，并将网络直销作为拓展利润空间的关键战略。同时，他们在科学研究和开发上投入了雄厚的科技力量，推出高科技产品，依托海尔中央研究院研制国际领先的节能技术。总体来说，海尔的网络营销战略着眼于客户需求、创新和科技研发，并充分利用互联网思维推动企业在网络市场的发展。

【案例思考】

阅读本案例后思考：网络营销战略有什么作用？海尔网络营销战略给予其他企业哪些启示？

任务回顾

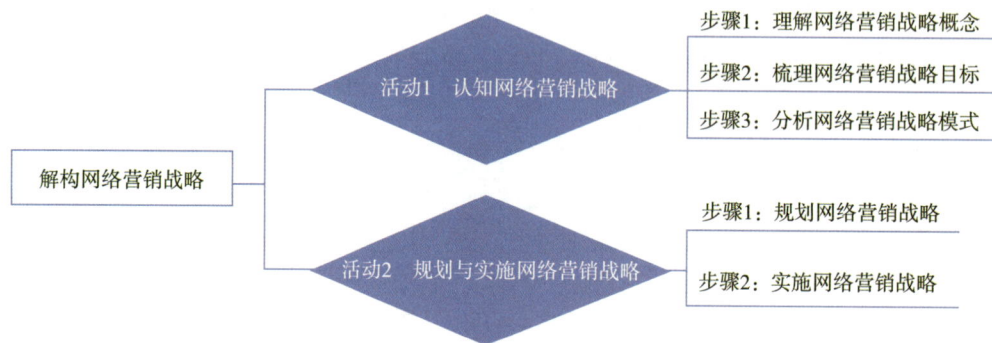

任务实训

网络营销战略实训——为广西农产品企业制定网络营销战略

一、实训概述

本任务实训为网络营销战略实训，通过该实训，学生可以将理论知识应用于实践，学习如何制定和执行网络营销战略，提升广西特色产品或品牌的知名度和销售业绩，为当地农业发展和文化传承做出贡献。

二、实训素材

（1）相关实训软件。

（2）智能手机实训设备。

三、实训内容

学生自由分组，并推选一名组长，由组长根据小组情况进行任务分工，最后以小组为单位针对实训背景进行实训操作。在实训中，教师指导并帮助学生完成实训内容。

四、实训背景

广西是一个拥有丰富农业资源和独特文化的地区，出产许多特色农产品，如青柠檬、马蹄、沙田柚、龙胆、罗汉果、桂林香螺等。这些农产品因其独特的品质和风味而备受国内外消费者青睐，具有很高的市场潜力和发展空间。然而，由于市场认知度较低，销售渠道有限，以及营销手段滞后等原因，这些优质特色农产品未能充分展现其价值，也未吸引更多消费者。因此，需要针对以上问题制定有效的网络营销战略，提升产品知名度、拓展销售渠道，实现产品的有效推广和销售。

五、实训任务

1. 确定网络营销战略目标与模式

在教师的指导下，学生结合背景资料及其他参考资料，可以初步确定广西特色农产品的网络营销战略目标，如销售型目标、服务型目标、品牌型目标、提升型目标、混合型目标等；同时可以确定出适用于广西特色农产品推广的网络营销模式，最后请同学们完成表1-8的填写。

表1-8　确定网络营销战略目标与模式

战略目标	
战略模式	

2. 规划与实施网络营销战略

在确定了网络营销战略目标与模式之后，学生需要针对选定的目标和模式进行网络营销战略的规划与实施。学生在教师的指导下，结合前面所学的理论知识，制定出更有针对性和更加有效的网络营销计划并实施，最后将结果呈现在表1-9中。

表1-9　规划与实施网络营销战略

网络营销战略规划	实施情况	结果呈现

素养课堂

在数字化浪潮中，网络营销不仅成为品牌推广的重要工具，更成为影响公众价值观念和社会文化的重要力量。网络营销的实践不应局限于技术层面的应用，而应深入价值观念的传播和实践中。秉承二十大报告提出的理念，在进行网络营销时，应将社会主义核心价值观融入网络营销的各个层面，使法治和德治相得益彰，推动良好价值观与法律规范的深度融合，形成更加健康和谐的网络环境。

遵照《中华人民共和国广告法》等法律法规，在网络营销过程中应始终坚持诚实守信的原则，坚决杜绝任何形式的夸大宣传和虚假宣传。在广告内容的创作和发布过程中，划清法律红线，确保广告内容既尊重国家尊严、维护社会公序良俗，又严格保护个人隐私，且杜绝任何误导消费者的行为。同时，在推广过程中，应尊重和继承传统文化，主动倡导和传播绿色消费理念，以实际行动支持社会的可持续发展，并努力推广积极向上的社会风尚。

网络营销的价值远不止于品牌传播，它还承担着传递文化价值和履行社会责任的使命。因此，网络营销从业者必须树立强烈的法律意识和社会责任感，不断提升自己的道德修养和专业技能，确保网络营销活动不仅助力品牌成长，更引领社会风尚，促进社会主义文化大发展、大繁荣，为共同构建一个和谐、文明、进步的社会贡献自己的力量。

项目评价

基于在本任务中的学习、探究及实训情况，进行学生自评、学生互评与教师点评，完成表 1–10 的填写。

表 1–10　项目评价表

考核内容	评价		
	学生自评	学生互评	教师点评
是否能正确阐述网络与网络营销的关系，并列举出网络营销的典型案例	□是 □否	□是 □否	□是 □否
是否能掌握网络营销活动的实施流程，并能根据具体要求完成营销活动的实施	□是 □否	□是 □否	□是 □否
是否能正确理解并阐述网络营销的本质特征	□是 □否	□是 □否	□是 □否
是否能正确阐述出网络营销战略的概念、目标和模式	□是 □否	□是 □否	□是 □否
是否能根据具体要求，开展网络营销战略的规划工作，并能根据具体要求完成营销战略的实施	□是 □否	□是 □否	□是 □否

项目二　剖解网络营销之道

随着互联网技术的不断完善和创新，网络营销也迎来大变革时代，在全新的互联网环境下，得益于人工智能、大数据等先进技术的助力，网络营销为企业和消费群体带来了更为出色的交易体验。企业借助技术，更加理性地分析消费群体特征，策划出更具吸引力、个性化的营销方案，使企业可以在竞争激烈的市场中脱颖而出。

本项目分别从梳理新时代的网络营销思维、解析多元化的营销方式、解构网络营销引流策略三个方面展开讲解，使读者能够理解在新时代下企业应如何转变思维开展网络营销活动，如何利用现有资源开展多元化营销，并结合自身情况选择合适的网络营销引流策略，为未来网络营销工作奠定基础。

项目预览

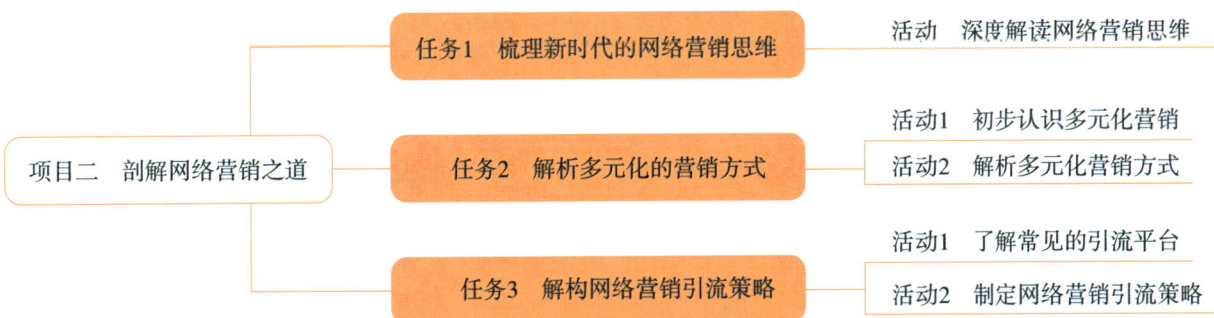

项目目标

知识目标

1. 传统网络营销思维与新兴网络营销思维；

2. 理解多元化营销方式；

3. 了解常见的引流平台及引流方式。

能力目标

1. 能够通过案例分析梳理网络营销思维；

2. 能够解析常见的几种多元化营销方式；

3. 能够完成网络营销引流策略的探究。

素养目标

1. 具备良好的职业素养，遵守网络营销的职业道德和规范；

2. 具备创新思维，勇于尝试新的营销方式；

3. 具备团队协作精神，发挥集体智慧，共同推进网络营销工作。

引导案例

某咖啡与某白酒的联名营销

2023 年 9 月 4 日，某咖啡与某白酒共同宣传推出了"酱香拿铁"产品，一经推出，迅速吸引两个品牌消费者的注意，隔天，某咖啡官方发布的数据显示，该产品首日销售量突破 542 万杯，单品首日销售额突破 1 亿元。数据显示，其第三季度总净收入同比增长 84.9%，某白酒官方发布的 2023 年半年报中，营业收入同比增长 19.42%。

独特的产品名称设计，高端白酒与平价咖啡的结合，为消费者提供全新的口感体验。可以说这是一次双赢的联名营销，某咖啡借助某白酒提升产品品质，进行差异化创新，某白酒借助某咖啡扩展年轻消费群体。

此次联名打破消费者对两个品牌的刻板印象，迅速在互联网上引发热议，两个品牌通过各种互联网平台制造话题，吸引各大媒体的关注评论，扩大影响力，吸引年轻群体的注意。

【问题思考】

传统企业在面临年轻的消费群体时，需与时俱进，不断探究营销新思路。本案例需要思考以下几个问题：

1. 此次某咖啡与某白酒的联名对于某白酒来说具有哪些影响？两者的跨界合作是否可以为其他行业提供启示？

2. 尝试分析该案例在营销过程中运用了哪些互联网资源。

任务1　梳理新时代的网络营销思维

任务描述

小刘作为一家广西传统企业的推广人员，深知网络营销对于企业的重要性，但随着互联网的不断发展，传统的网络营销思维已经跟不上发展的脚步，新时代下的网络营销需要更加多样化和个性化，因此小刘需要重新审视并梳理自己对网络营销思维的认知。

小刘将通过本任务了解网络营销新思维，为此准备从以下几个方面入手：首先认识传统营销思维；其次认识新时代下新兴的网络营销思维；最后将两者进行对比，发现其差异，为企业的网络营销策略注入活力与创意。

ⓑ 任务实施

活动　深度解读网络营销思维

小刘想要开展网络营销活动，就必须提前了解网络营销思维，而传统网络营销思维和新兴网络营销思维有所不同，在实际运用中，两者也有着较大区别。

搜一搜

搜索我国目前互联网发展的基本情况，如搜索《中国互联网发展报告2023》《2023年中国互联网网络发展状况统计报告》等，在报告中搜索表2-1所列出的几项重要信息，并完成表2-1的填写。

表2-1　我国互联网发展基本情况

项目	说明
网络营销中主要运用的技术	
企业开展网络营销活动的途径	

步骤1：认识传统网络营销思维

传统网络营销思维主要关注的是产品推广和品牌建设，侧重于通过线上广告、社交媒体宣传、SEO优化等手段提高品牌知名度和曝光率。这种思维通常将消费者视为被动接收信息的对象，强调单向传播和宣传效果。在传统网络营销思维下，企业通常注重短期的销售目标和效果，追求快速转化和回报。其主要表现为以下几个方面：

1. 基于传统的销售模式

传统的销售模式以产品为中心，追求经济利益，通过各种渠道传播产品信息以满足消费者需求。但随着市场经济和信息技术的发展，消费者需求发生了变化，对产品质量和服务的要求提高，消费渠道也多元化，产品信息传播变得更加容易。因此，企业需不断创新销售模式，更好地满足消费者需求，以赢得市场。同时，网络营销具有成本低、传播快、覆盖广等优势，促使企业加快营销方式创新步伐。

2. 注重价格优势

传统网络营销思维中，企业的价格优势往往是其获得市场竞争优势的重要手段，在企业产品具有较强的竞争力时，企业往往采用"薄利多销"的方式进行销售。而在经济下行、市场竞争加剧、消费者购买力下降的情况下，企业产品的价格优势不再明显，这就需要企业利用其他手段获取市场竞争优势。

3. 注重品牌打造

品牌建设是传统网络营销的一个重要环节，也是一个品牌在成长过程中不可或缺的环节。品牌是企业通过长期经营所形成的独特的、区别于其他竞争对手的、具有一定影响力的个性标识。它是企业在市场竞争中获得竞争优势并最终胜出的关键所在。

4. 利用传统广告宣传

在传统网络营销领域，广告宣传无疑处于举足轻重的地位，其主要目的为通过推广产品来实现经济利益。然而，随着网络营销的演进，广告宣传虽仍占有一席之地，却已不再是唯一的宣传手段。在传统网络营销思维中，广告宣传主要围绕产品价值进行，借助详尽介绍产品价值来吸引潜在消费者。而在现代网络营销中，企业拥有了更多元化的途径来展现产品价值，进而吸引更多潜在消费者。值得注意的是，虽然广告宣传在传统网络营销中扮演了关键角色，但如今，众多企业更倾向于采纳新型宣传策略以实现产品推广。

知 识 链 接

> 网络广告是指在互联网站点上发布的以数字代码为载体的经营性广告。它是利用网站上的广告横幅、文本链接、多媒体的方法，在互联网上发布或刊登广告，并通过网络将广告信息传递给互联网用户的一种高科技广告运作方式。网络广告形式多样，包括横幅广告、文本链接广告、弹出窗口广告、电子邮件广告、搜索引擎关键词广告、搜索固定排名等多种形式。

步骤2：了解新兴网络营销思维

小刘针对新兴网络营销思维方式，进行了大量资料的阅读，并对内容进行了总结提炼，这些思维具体分为创新思维、用户思维、产品思维以及内容营销新思维。

创新思维。由于消费者的购物场所从线下转为线上，而互联网的发展充满不确定性，固有的营销思维已不符合多变的营销环境。营销创新可以帮助企业更好地与消费者互动，提供更好的消费体验。例如，通过虚拟现实技术，让客户在不出门的情况下深度体验产品，提高购买意愿。另外，产品创新也是营销创新思维的重要组成部分。通过跟进市场需求，根据消费者需求进行产品的研发和改进，获得更高的市场竞争力。

用户思维。企业在开展营销之前，首先需了解自己的用户是谁、核心需求和潜在需求有哪些，其次还需了解用户的行为习惯，如今移动端用户的数量已高于PC端用户。

产品思维。早期的价格优势已经不能作为企业的核心竞争力，现在的消费者更注重产品品质和服务质量，产品的差异化、高品质才是核心竞争力。

内容营销新思维。营销内容不再局限于单向输出，不再一味地推送产品信息，而是需要根据用户的独特属性和需求，创作定制化内容，以提高用户的参与度和转化率。

步骤 3：对比传统营销思维与新兴网络营销思维

小刘通过互联网分别找到两种思维下的营销案例，并进行了简单对比。

传统营销思维案例如下：

某品牌洗发水在广告（见图 2-1）投放上主要通过电视媒体来传播。长期在各大电视台投放广告，利用电视广泛的受众基础，将产品信息传递给不同地区、不同年龄层次的消费者。其广告通常会展示一个深受头屑困扰的人在使用该品牌洗发水后，头屑问题得到解决，头发变得清爽干净的场景，直观地向消费者传达产品的功效。

在网络渠道方面，也利用电商平台进行产品销售和推广。在电商平台上详细展示产品特点、使用方法和用户评价等信息，方便消费者了解和购买。同时会推出一些线上专属的促销活动，如买一送一、套装优惠等，吸引消费者下单。

图 2-1　洗发水广告

新兴网络营销思维案例如下：

白小 T 品牌于 2019 年成立，秉持"简单、舒适、高品质"的品牌理念，致力于将旗下核心 IP（知识产权）"白小 T"打造成业界标杆。品牌运用科技力量，重新诠释服装，采用功能型定纺面料，精准满足用户的实际需求。白小 T 专注于为消费者提供高品质服装，旨在实现品类与品牌的完美融合，让每一位消费者都能感受到品牌的独特魅力和价值。

该企业在产品推出之前，通过大量的市场数据分析，发现服装类目下 T 恤是男士服装中销售量最多的产品，相较于西服、衬衫，基础款 T 恤使用场景更多，消费者购买意愿更高，且退货率较低。该企业将目标人群确定为 30 ～ 50 岁中年精英男士，这类人群有一定的社会阅历和消费潜力，更关注服装的质感和实用性。

营销方面，该企业以品牌创始人为核心，打造个人 IP 形象，员工每天在朋友圈发布生活相关正能量、富有价值感的内容，以触动消费者，获得用户信任。IP 的营销逻辑是真实，用创业精神呈现真实内容是最容易触动 30 ～ 50 岁男性消费者的方式。

通过深入剖析以上案例，小刘总结出传统营销思维与新兴网络营销思维在两个方面的显著差异。

1. 产品定位方式

传统营销思维通常遵循"先有产品后有营销"的模式，而新兴网络营销思维则是以客户需求为首要考量，根据市场需求来选择和定位产品。

2. 产品营销途径

传统营销主要依赖单一的广告投放，尤其是在电视媒体黄金时间段的投放广告，这种方式属于单向信息传递，消费者往往处于被动接收信息的状态。新兴网络营销思维则充分利用多元化的营销模式，通过与消费者建立情感联系，实现精准营销。此外，新兴网络营销的内容形式也更加丰富多样，如视频、文章等，这些内容的传播速度和影响力也远超传统营销方式。

通过系统梳理和对比传统营销思维和新兴网络营销思维，小刘更加清晰地认识到新时代下网络营销所承载的价值与所面临的挑战。为了积极应对市场环境的快速变化和消费者需求的多样化，小刘需要主动转变思维定式，注重与消费者的互动和沟通，提供更加个性化的产品和服务，同时积极利用先进技术进行精准营销和数据分析。这将有助于小刘在未来的网络营销活动中更加有效地推广企业产品和服务，提高企业的品牌知名度和市场竞争力。

动手小练

假设你是一家服装企业的营销人员，现在需要你对一款产品进行推广，尝试使用新兴网络营销思维进行营销活动。

请你尝试列举出该款产品能使用哪些新兴网络营销思维，将结果填写至表 2-2 中。

表 2-2　产品采用的网络营销思维

采用的网络营销思维	例：如何利用创新的内容吸引消费者

行业故事

小米手机是中国手机市场的领头羊之一。其成功之处在于将用户需求置于产品设计的核心位置。小米手机在推出新产品之前，通过举办用户讨论会等形式，主动了解用户对手机功能和性能的需求。这样的举措让小米手机能够更好地把握市场动态，更好地了解用户的需求。通过这种方式，小米了解了用户对拍照、续航、屏幕显示等方面的诉求，并提供相应的解决方案。以用户需求为导向的设计理念使小米手机在市场上拥有强大的竞争力。

【案例思考】

阅读本案例后思考：产品的核心诉求是什么？在营销过程中营销内容应如何贴合用户需求进行实施？

任务回顾

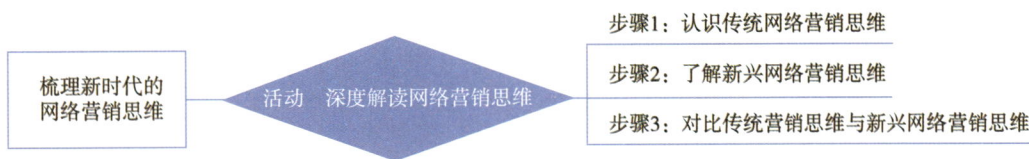

梳理新时代的网络营销思维 —— 活动　深度解读网络营销思维
- 步骤1：认识传统网络营销思维
- 步骤2：了解新兴网络营销思维
- 步骤3：对比传统营销思维与新兴网络营销思维

任务实训

网络营销思维实训——茶饮行业网络营销思维

一、实训概述

本任务为网络营销思维实训，以茶饮行业为对象，通过互联网搜索该行业的网络营销案例，分析网络营销思维，使学生进一步建立网络营销思维，认识网络营销思维的重要性。

二、实训素材

（1）相关实训软件。
（2）智能手机实训设备。

三、实训内容

学生自由分组，并推选一名组长，由组长根据小组情况进行任务分工，最后以小组为单位针对实训背景进行实训操作。在实训中，教师指导并帮助学生完成实训内容。

四、实训背景

中商产业研究院发布的《2022—2027 年中国新式茶饮需求预测及产业发展趋势前瞻报告》预测，2024 年现制茶饮店市场规模将达到 2 578 亿元。《每日经济新闻》新茶饮调查小组在企查查以"茶饮"为关键词搜索时发现，2023 年全年（2023 年 1 月 1 日—2023 年 12 月 31 日），共有 12 421 家与茶饮相关的企业成立。显然，在创业者和加盟商眼中，茶饮赛道依然是诱人的掘金之地。

无论是初创企业还是业界翘楚，各大品牌都在竭尽全力，运用多种手段和渠道争夺市场份额。从社交媒体平台上的热门话题讨论，到知名博主的精心推荐，再到线上、线下各类活动的策划与执行，各品牌都在积极塑造自身的品牌形象，提升市场影响力。

五、实训任务

1. 分析创新思维的具体表现

学生在教师的指导下，通过互联网搜集资料，尝试分析茶饮行业在网络营销中创新思维的具体表现，将分析结果填写至表2-3中。

表2-3　分析茶饮行业在网络营销中创新思维的具体表现

茶饮行业在网络营销中的创新思维	例：主流茶饮品牌的宣传不再局限于线下

2. 分析消费群体

学生尝试搜集茶饮产品主要的消费群体，并详细说明该人群的特点，将确定的内容填写至表2-4中（可以尝试通过百度指数搜索关键词"奶茶"，查看人群特点）。

表2-4　分析消费群体的特点

目标人群年龄段	
目标人群职业分布	

3. 分析内容营销的内容创新点

学生尝试通过互联网搜索资料，分析茶饮行业在内容营销上的创新点，并完成表2-5的填写。

表2-5　分析茶饮行业营销的内容创新点

例：某品牌以新中式为营销点，在宣传上结合国茶文化，快速聚焦年轻人的好奇心和注意力

任务2 解析多元化的营销方式

任务描述

梳理清楚网络营销思维后，小刘深刻地认识到网络营销方式需要根据环境变化进行灵活调整。鉴于互联网复杂多变的环境，网络营销方式也日趋多元化。为了能更清晰地认识和掌握多元化网络营销方式，小刘进行了大量的信息搜集。小刘首先从多元化营销入手了解多元化营销的价值及特点，其次通过不同的案例分析清楚地认识多元化网络营销方式。

任务实施

活动1 初步认识多元化营销

对于多元化营销的基本概念，小刘已经通过查阅相关资料、案例有了初步认知。接下来需要对其价值和特点进行梳理。

知识链接

多元化营销是指企业在生产经营过程中，根据消费者的需要和市场营销环境的变化，在经营战略上做出相应的调整，使经营战略由原来单一生产、销售某种产品，向生产、销售多种产品、服务的方向转变。其目的是满足不同客户的不同需要，扩大市场份额。多元化营销是企业发展的趋势，可以给企业带来更多的发展机会。

步骤1：理解多元化营销的商业价值

在正式开展营销之前，小刘需要确认多元化营销能为企业带来哪些价值。通过资料查询，小刘进行了梳理总结，认为其核心价值主要体现在以下几个方面：

（1）增加品牌曝光度：企业可以通过多元化营销方式将品牌信息传递给消费者，以增加品牌曝光度。

（2）提升品牌影响力：提升品牌影响力是企业发展过程中至关重要的一步，它不仅可以增强企业的市场竞争力，还能帮助企业在市场上建立良好的声誉。而多元化营销方式能够为企业吸引更多的消费者和投资者，以扩大品牌影响力。

（3）建立和提升品牌形象：多元化营销手段能使品牌形象更加立体和清晰，从而使企业在客户心目中的印象更加深刻。

步骤2：梳理多元化网络营销的特点

小刘初步认识多元化网络营销后，根据其概念及价值总结出了几以特点：

（1）多样性：多元化网络营销不仅限于传统的广告推广，它还涵盖了社交媒体营销、内容营销、搜索引擎优化、电子邮件营销、移动营销等多种营销方式。企业可以根据自身情况和市场变化灵活选择，以达到最佳的营销效果。

（2）互动性：在多元化网络营销中，消费者不仅是信息的接收者，也是信息的传播者。他们可以通过在社交媒体上发布内容、评论、分享等方式参与到营销活动中，与品牌进行互动，这极大地提高了营销的互动性和参与性。

（3）个性化：多元化网络营销允许企业针对不同的消费群体制定个性化的营销策略，以满足他们的独特需求。例如，通过数据分析，企业可以了解消费者的购买习惯、兴趣、爱好等信息，从而为他们提供个性化的产品和服务。

（4）实时性：在数字化时代，信息的传播速度非常快。多元化网络营销可以实时传递品牌信息，及时与消费者进行沟通，使消费者能够第一时间了解品牌的最新动态。

（5）可衡量性：多元化网络营销的效果可以通过各种数据指标进行衡量，如点击率、转化率、曝光量等。这使得企业能够实时了解营销效果，及时调整策略，以实现最佳的营销效果。

综上所述，多元化网络营销的特点使其在现代营销中占据重要地位。企业需要充分理解和运用这些特点，以制定有效的营销策略，提高市场竞争力。

行业故事

为创新经营体系，在多元化营销上持续发力，依兰农场树立"全员营销"理念，夯实"种植端"，发力"营销端"，补齐营销短板。公司选配具有较强市场意识和营销理念的青年骨干，组成对内、对外两支销售队伍，积极参加上级组织的营销业务培训、经验交流座谈等，提升营销人员营销水平。他们坚持"线上＋线下"同步推进，以北大荒绿色智慧厨房专营店为农产品展示营销中心，选派青年骨干成立主播团队，利用"6·18"、春节等重要黄金节点，开展直播带货活动，培育"互联网＋"特色农副产品品牌。同时，农场还借助各类展会、推介会等销售推广平台，加大本土产品宣传推广力度，进一步增加品牌知名度和产品美誉度，用品牌拉动产品的大营销格局。

截至目前，这个农场开展线上直播带货和线下参展活动近30场次，营造全员了解营销、参与营销的浓厚氛围。

【案例思考】

阅读本案例后思考：在进行多元化营销之前企业首先要考虑的是什么？

活动2　解析多元化营销方式

在清楚认识到多元化营销的价值及特点后，小刘需要更深入分析具体的营销方式。

在分析完多元化营销方式后，小刘对常见的营销方式进行了细分，包括事件营销、体验营销、互动营销、情绪营销。

1. 事件营销

事件营销的重点在于企业可以利用社会热点或创建有价值的话题，以吸引用户关注，在话题中引入企业品牌或产品，提高和树立良好的品牌形象。例如，网易云音乐与农夫山泉将音乐和水联系在一起，创建"高山流水遇知音"（见图2-2）的乐瓶活动。至活动结束，4亿瓶定制的乐瓶水成功售罄。

音乐平台与矿泉水品牌以"乐瓶和乐评"为核心，结合双方特点进行深度的内容定制和渠道整合传播，从场景、内容、互动和创意四大方向进行突破，将双方品牌诉求转化为具象的线下体验，为品牌、媒体与消费者的情感共振建立了有效连接。

图2-2　线下体验活动

2. 体验营销

体验营销是一种以客户为导向的营销方式，是一种新的营销方式。例如，某酒店为吸引更多年轻消费者，与互联网公司合作，用一场跨越现实社会与元宇宙的鲜活文旅体验，对话年轻商旅人群，探索了名为"旅行不设限"的多元商旅生活。活动推出当天，酒店品牌跨次元体验官Nami现身上海太古汇和武汉汉江路，以震撼的裸眼3D视觉效果广告（见图2-3），吸引大量路人关注。在这次国内酒店行业首次应用裸眼3D的元宇宙跨界营销中，数字虚拟人Nami成为品牌的跨次元体验官，邀请公众体验新一代酒店客房。

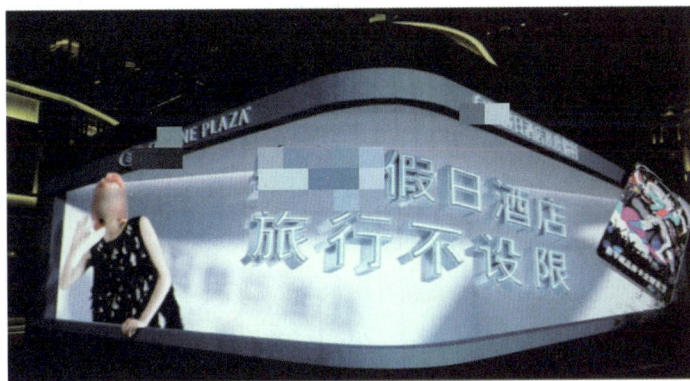

图2-3　裸眼3D营销广告

3. 互动营销

互动营销实现了企业与消费者之间的双向沟通，他们相互交流、相互影响，从而达到双赢。如图2-4所示，某企业在除夕夜发布一则互动推文，增强用户与广告间的互动性。

图2-4　互动营销

4. 情感营销

人们通过不合逻辑的表达和发泄而出的情绪，排解日常生活中的焦虑与烦闷。品牌营销跟"疯"，以情绪价值获得人们的信任，将"发疯"从情绪词变成与大众的连接点。如某快餐的"疯狂星期四"，把"疯"字写在营销文案里，又利用年轻人中的流行语"v我50"（微信转我50元），形成"病毒式"传播。"发疯营销"为品牌带来了具有高消费能力的年轻客户。

> **动手小练**
>
> 假设你是一家传统企业的营销人员，公司主营农副产品，企业为了打入年轻人市场，要求你策划一场多元化营销方案。
>
> 请你尝试选择营销策略及营销方式，并对内容进行简单说明，将结果呈现在表2-6中。

表2-6　选择营销策略及营销方式

营销方式	
营销策略	

任务回顾

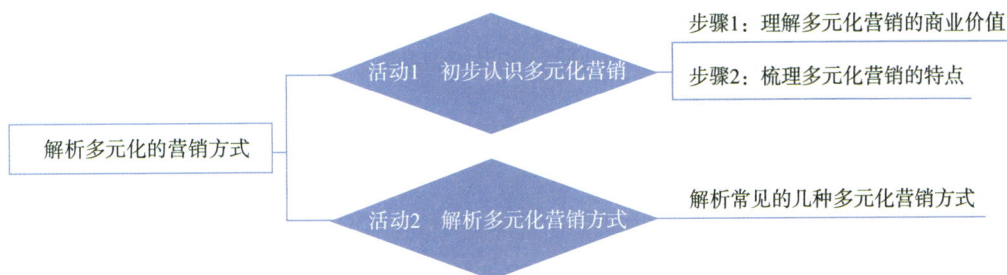

任务实训

多元化营销方式实训——广西农产品贸易网多元化营销

一、实训概述

本任务为多元化营销实训，将以"广西农产品贸易网"为对象，通过对其多元化营销的基本情况进行分析，进一步认识多元化营销方式的具体应用。

二、实训素材

（1）相关实训软件。

（2）智能手机实训设备。

三、实训内容

学生自由分组，并推选一名组长，由组长根据小组情况进行任务分工，最后以小组为单位针对实训背景进行实训操作。在实训中，教师指导并帮助学生完成实训内容。

四、实训背景

广西农产品贸易网（见图 2-5）为农户、企业、合作社、家庭农场及农业单位系统提供专业的网络服务，实现农产品行业的信息共享、资源互补、产销对接、品牌共建，是专业的农业网站。

该网站为了吸引更多客户，决定使用多元化营销方式进行推广，以提升平台知名度，吸引更多供应商和求购者。

图 2-5　广西农产品贸易网

五、实训任务

1. 了解多元化营销方式

结合所学内容，总结多元化营销方式，并举例说明，将结果填至表2-7中。

表2-7　多元化营销方式

营销方式	举例说明

2. 选择多元化营销方式

尝试为广西农产品贸易网选择合适的营销方式并说明原因，将结果填至表2-8中。

表2-8　选择多元化营销方式

多元化营销方式	选择原因
事件营销	
互动营销	
体验营销	
情感营销	

任务3　解构网络营销引流策略

🅑 任务描述

在完成对多元化营销方式的解析后，小刘需要重点了解网络营销引流策略，为此小刘进行了大量的信息搜集，首先从不同的引流平台入手，了解其引流机制，其次结合案例制定不同的网络营销引流策略，包括线上线下结合、建立品牌网站或账号、打造优质内容、利用不同引流平台和多元化营销方式等。

任务实施

活动 1 了解常见的引流平台

步骤 1：了解引流平台的不同类型

了解常见的引流平台是制定有效网络营销策略的重要一步。引流平台通常可以分为以下几类：

（1）社交媒体平台，如微信、微博、抖音、快手和小红书等，它们拥有庞大的用户体量和便利的社交互动功能。企业可以借助这些平台发布富有趣味性和吸引力的内容，与用户建立互动关系，进而提升品牌知名度和用户黏性。

（2）搜索引擎平台，如百度和 360 搜索等，是信息检索的重要工具。通过实施 SEO 和 SEM 等策略，企业能够提升在搜索引擎结果页中的排名，从而吸引潜在客户的点击和访问。

（3）内容分享平台，如知乎、简书和豆瓣等，允许用户发布和分享各种类型的内容。企业可以在这些平台上发布有价值、有深度的文章或回答，以吸引用户的关注和信任，进而引导用户访问企业网站或购买产品。

（4）电商购物平台，如淘宝、京东和拼多多等，具备完善的交易系统和庞大的用户群体。企业可以通过在这些平台上开设店铺、发布产品、参与促销活动等手段，吸引用户的购买行为并实现销售转化。

步骤 2：分析不同类型的引流平台

作为营销人员，小刘知道网络营销引流的主要途径是通过各大平台，而不同平台的功能有所不同，因此，小刘通过浏览和查阅各个平台的页面将其分为四个大类，分别是社交媒体类平台、搜索引擎平台、内容分享平台、电商购物平台。他对不同类型平台的特点、引流方式进行了分析总结，具体如表 2-9 所示。

表 2-9 常见的引流平台概况

平台类别	平台举例	特点	引流方式
社交媒体类平台	微信、微博、抖音、快手和小红书	用户基数大，流量大，质量高，互动性强	文章、想法、评论区、视频、好物带货、私信、直播、账号简介、视频、粉丝群
搜索引擎平台	百度、360搜索	企业通过给搜索引擎平台投放广告获得点击率，以此获得关注和流量	竞价排名、搜索引擎优化

续表

平台类别	平台举例	特点	引流方式
内容分享平台	知乎、简书、豆瓣	重视内容质量，用户黏性大，利于品牌建设	创作高质量内容，建立专业形象，吸引目标用户关注
电商购物平台	淘宝、京东、拼多多	销售平台、精准用户、模式统一	店铺首页、客服话术引导、包裹卡、智能外呼电话

动手小练

尝试搜索线下引流方式，并对其进行简单说明填写表2-10。例如线下门店二维码引流，客户在购物过程中，员工出示店铺二维码/活动海报，要求客户扫码加群。

表2-10　线下引流方式

方式	说明

活动2　制定网络营销引流策略

经过大量的资料及案例阅读，小刘对网络营销引流策略做了进一步探究，其过程可分为以下几个步骤：

步骤1：明确引流目标

在制定网络营销引流策略之前，首要任务是清晰界定引流目标。这些目标可能包括提升网站访问量、强化品牌知名度、吸引潜在客户等。明确这些目标将有助于策划出具有针对性的引流策略，并有助于随后对策略的实施效果进行科学评估。

步骤2：选择引流平台

企业在选择引流平台时，必须紧密结合其营销目标进行决策。此外，还需全面考量平台的用户群体构成、用户活跃度以及覆盖范围等关键因素。以目标用户群体为例，若主要面向年轻用户群体，短视频平台如抖音、快手等可能更具吸引力；而针对专业领域讨论及学习的目标用户，知乎、小红书等平台可能更为合适。通过综合考量这些要素，企业能更精准地选择引流平台，实现营销效果的最大化。

步骤3：制定引流策略

制定引流策略是核心步骤。企业可以结合不同的引流平台，制定不同的引流策略，例如建立自己的官方网站，通过 SEO 优化提高网站在搜索引擎中的排名，吸引潜在用户，让更多的消费者了解企业、认识企业，同时也可以让企业与消费者进行沟通与交流，使消费者了解到企业产品和服务的优点，如广西农产品贸易网。

通过在社交媒体平台发布有趣的互动内容，吸引用户关注和转发，无论是发布图文还是短视频，优质的内容是营销的关键。只有有了优质的内容，才能让企业的品牌形象更加深入人心，进一步提高企业的知名度和美誉度。企业在进行网络营销引流时需要考虑自身以及用户群体等因素，从用户角度出发，打造优质的内容。例如，企业可以通过对产品进行宣传，或通过发布一些用户感兴趣的话题来吸引用户关注。此外，为了提高内容质量，企业还可以选择与自己行业相关或者能够提高产品竞争力、行业知名度和美誉度的内容，同时还需要注意内容一定要新颖、独特、具有吸引力。想要内容达到好的效果，企业可以采用同一内容多平台投放的方式扩大传播范围，加快传播速度。

通过开展线上线下相结合的方式进行引流。很多企业在进行网络营销时，都会采取线上和线下相结合的方式，这种方式能够帮助企业获得更多用户关注，为企业带来更多的流量。目前很多企业都会通过线下门店进行产品销售，因为线下门店具有天然优势，能够为客户提供面对面的服务，通过这种方式能够让客户产生更多的信任感。例如，屈臣氏通过线上发放优惠券的形式联动线下门店开展营销活动，将线上的用户引导至线下，如图 2-6 所示。

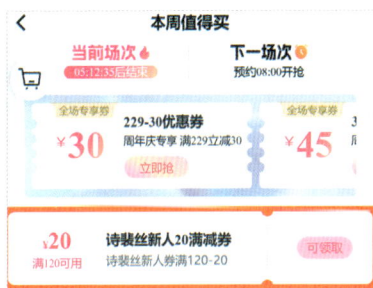

图 2-6 屈臣氏线上引流

步骤 4：执行并优化引流策略

制定好引流策略后，就需要执行并不断优化。在执行过程中，企业需要关注引流数据的变化和用户反馈，及时调整策略，提高引流效果。例如，如果发现某个引流渠道的转化率较低，就可以尝试通过调整内容、优化定位或增加投入等方式来提高转化率。同时，企业还需要关注竞争对手的引流策略，学习借鉴其优点，不断完善自己的引流策略。

通过探究网络营销引流策略，小刘理解了网络营销的引流机制和方法，为给企业制定有效的网络营销策略提供了有力支持。在实施过程中，小刘还需要不断学习和实践，不断优化和完善策略，以应对市场和用户需求的变化。

行业故事

旺旺集团成立于 1962 年，最早从事罐头食品的代工与外销，经过多年的发展，旺旺的足迹已经遍布亚洲、非洲、北美洲、中南美洲、大洋洲、欧洲的 63 个国家和地区。而面对年轻人消费网络化的趋势，旺旺打造了多元化的在线沟通体系。线上方面，旺旺搭建了多个电商平台，除了天猫、京东等旗舰店外，旺旺推出了旺仔俱乐部App、旺仔旺铺小程序、旺仔旺铺App等自有电商渠道，同时在抖音、快手、小红书等热门社交平台上开启了相应的平台小店。线下方面，旺旺拓展了自动贩卖机和主题门店，自建销售直营渠道。

与此同时，消费环境、消费人群的变化意味着媒体环境和传播方式也必须迭代更新。除了TVC广告、事件营销之外，旺旺从消费者视角出发，尝试跨界营销、打造主题店等许多新鲜玩法。可见，为触达年轻消费群体，旺旺在传播渠道上做出了很大的改变。

【案例思考】

阅读本案例后思考：旺旺集团在进行网络营销时，通过哪些方式为企业引流？分别借助了哪些平台？

任务回顾

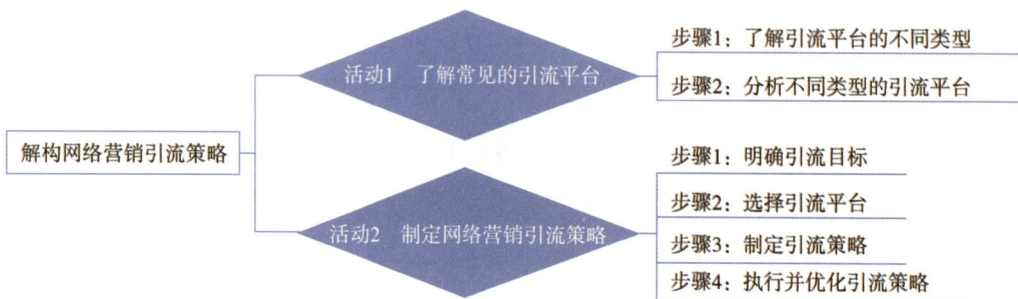

解构网络营销引流策略

活动1　了解常见的引流平台
- 步骤1：了解引流平台的不同类型
- 步骤2：分析不同类型的引流平台

活动2　制定网络营销引流策略
- 步骤1：明确引流目标
- 步骤2：选择引流平台
- 步骤3：制定引流策略
- 步骤4：执行并优化引流策略

任务实训

网络营销引流策略实训——广西农产品贸易网引流

一、实训概述

本任务为网络营销引流策略实训，以广西农产品贸易网为对象，尝试制定引流策略。

二、实训素材

（1）相关实训软件。

（2）智能手机实训设备。

三、实训内容

学生自由分组，并推选一名组长，由组长根据小组情况进行任务分工，最后以小组为单位针对实训背景进行实训操作。在实训中，教师指导并帮助学生完成实训内容。

四、实训背景

任务 2 的任务实训完成了对广西农产品贸易网多元化营销策略的制定。在此基础上，营销人员需要选择出一款主推产品，为网站进行引流，以提升网站影响力和销售额。

五、实训任务

1. 选择产品

结合任务 2 的实训内容，挑选出一款平价且复购率高的产品作为引流产品，并根据网站内容将产品信息填写至表 2-11 中。

表 2-11　引流产品信息

产品名称		产品规格	
产品价格		主要功能	
产地信息		储存条件	
保质期		售后保障	

2. 引流平台及方式

请在教师的指导下，确定该网站的引流平台及方式，并阐述理由，将整理好的内容填写至表 2-12 中。

表 2-12　引流平台及方式

引流平台	引流方式

3. 制定引流策略

请在教师的指导下，制定引流策略，将整理好的内容填写至表 2-13 中。

表 2-13　引流策略

引流策略	具体内容

续表

引流策略	具体内容

素养课堂

党的二十大报告中提到了"创新、协调、绿色、开放、共享"的新发展理念。其中"绿色"这一理念是企业在网络营销中必须要考虑到的问题。

绿色发展理念作为党的二十大报告中提出的新发展理念之一，强调了可持续发展和生态环境保护的重要性。这一理念不仅应被广泛应用于宏观的经济社会发展规划，也应在微观的企业经营活动中得到体现，特别是在网络营销领域。

对于现代企业来说，网络营销已经成为一种重要的市场推广手段。然而，在进行网络营销的过程中，很多企业往往过于追求短期的经济利益，而忽视了绿色发展的重要性。这不仅可能损害企业的长远利益，还可能对社会和环境造成负面影响。

因此，企业在制定网络营销策略时，应充分考虑绿色发展理念。将绿色发展理念融入网络营销策略，不仅有助于企业的可持续发展，还可以提高企业的社会声誉和市场竞争力。在未来，随着环保意识的不断提高，绿色发展将成为企业网络营销的重要趋势。

项目评价

基于在本任务中的学习、探究及实训情况，进行学生自评、学生互评与教师点评，完成表2-14的填写。

表2-14　项目评价表

考核内容	评价		
	学生自评	学生互评	教师点评
是否能正确认识传统营销思维与新兴网络营销思维，并通过案例分析网络营销思维的重要性	□是 □否	□是 □否	□是 □否
是否能正确理解多元化营销的商业价值及特点	□是 □否	□是 □否	□是 □否
是否能分析不同类型的引流平台，解析不同的网络营销引流方式，探究网络营销引流策略	□是 □否	□是 □否	□是 □否

技法篇：练会数字化网络营销

项目三　布局SEM

项目概述

搜索引擎营销SEM，是现代营销领域中最常见的一种核心策略，它已经渗透至各行各业的营销运营体系中，成为营销行业不可或缺的基础运营手段。对于每一个致力于提升品牌知名度、扩大市场份额、增强用户黏性的运营人员来说，掌握SEM技能，无疑是其职业生涯中不可或缺的一环。

本项目将分别从布局SEO、布局SEM、布局移动应用优化（App store optimization，ASO）入手，以案例为分析对象详细讲解SEM知识框架，使读者能够掌握使用搜索引擎进行营销活动的实战技巧，加强网络营销人员的实战技能。

项目预览

项目目标

知识目标

1. 熟悉SEO的主要内容；

2. 掌握SEM主要形式以及付费方式；

3. 熟悉ASO的主要内容。

能力目标

1. 能够实施SEO步骤；

2. 能够结合案例完成SEM活动；

3. 能够完成ASO中关键词获取、选词的操作。

素养目标

1. 具备创新思维，能够在创意内容撰写中提升个人创新能力；

2. 具备敏锐的观察力，提高发现问题、解决问题的能力。

引导案例

可口可乐百度推广信息流推广案例

1886 年，可口可乐在美国佐治亚州亚特兰大市诞生，自此便与社会发展相互交融。现在，它每天为全球的人们带来怡神畅快的美妙感受。

百度与可口可乐合作推出"探索城市秘密"，在上海、北京、西安、厦门等 12 个城市联合推出了"城市罐"，用户只需使用百度 App 对准城市罐正面扫一扫，手机端就会浮现立体的城市吉祥物和动态环境。

营销目标：精准锁定目标人群，让用户与品牌充分互动。

投放方案：通过大数据分析 12 种城市气质以及城市罐的核心目标人群，借助 AR 技术让用户互动变得更有趣。开发出以"百度 AR 开启立体城市秘境"（见图 3-1）、"全景城市景区传送门""百度大数据揭秘你的城市"为主题的三重互动体验。

营销成效：超过 450 万用户完成深度互动体验，社交平台的评论数超过 200 万。参与互动过程的用户平均交互次数为 5.11 次，其中，21.48% 用户进行了分享，微信指数增长6 231%，百度指数增长 197%。

图 3-1 可口可乐 AR 动态

（资料来源：百度推广官网）

【问题思考】

1.通过案例阅读尝试分析，该案例利用了哪些技术手段？在营销过程中更加注重哪些方面？

2.SEM 作为最基础的营销手段，应如何在多元化营销中重新占据重要地位？

任务1 布局SEO

任务描述

小王是南宁某中职院校电子商务专业的学生，毕业以后，为响应国家号召，回乡开展乡村振兴相关工作，在本镇创办了一家电子商务公司，帮助周围农户销售当地特产。目前公司主要销售南宁柑橘、灵山绿茶、永福罗汉果等。公司创办初期营销推广工作迫在眉睫，迫切需要覆盖更多的目标客户，向客户传递更多当地的产品信息，为此，小王详细布局了 SEO 来为公司做推广活动。

小王将以 SEO 为突破口，梳理 SEO 的核心内容以及具体的操作步骤，全面掌握 SEO 技能。

任务实施

活动 1　梳理 SEO 内容

小王通过阅览多种资料，分别学习了 SEO 的概念、原理、特点及主要目的。接下来小王对 SEO 的核心内容进行了梳理，具体步骤如下：

知识链接

SEO（Search Engine Optimization，搜索引擎优化）是指通过对网站结构、内容和外部链接等方面进行优化，提高网站在搜索引擎中的排名，从而增加网站的曝光度和流量、提高品牌知名度和影响力的一种网络营销手段。SEO 推广是指通过 SEO 的手段来推广网站，使其在搜索引擎中获得更好的排名和曝光度，从而吸引更多用户访问网站，提升网站的流量和转化率。

搜索引擎优化工作原理涉及以下 3 个模块：①信息采集模块。蜘蛛系统程序爬取网页，通过深度或广度优先算法遍历整个互联网收集网页信息。②查询表模块。分析索引系统程序分析收集的网页，提取关键信息，建立网页索引数据库。③检索模块。搜索系统程序从网页索引数据库中查找与用户输入关键词相关的网页，并按相关度排序，通过网页生成系统返回超链接地址、页面内容、关键字、内容摘要等给用户。

SEO 具备以下特点：①持续性。SEO 是一项长期工作，效果不会立即显现，需持续努力和优化。②多元性。SEO 不仅涉及关键词优化，还包括内容、结构和外部链接的优化。③技术性。SEO 要求深入了解搜索引擎原理和算法，熟悉网站设计开发技术，优化过程涉及代码修改、页面优化和服务器配置等技术工作，需掌握相关技术以更好地进行优化。④数据分析。SEO 需要数据分析能力，通过网站数据了解流量来源和用户行为，以指导优化工作。⑤竞争性。SEO 竞争激烈，关键词排名有限，需运用各种优化手段和策略提高网站质量和用户体验以脱颖而出。

搜一搜

请尝试通过互联网搜索 SEO 营销原则以及注意事项，将搜索结果填写在表 3-1 中。

表 3-1　SEO 营销原则以及注意事项

SEO 营销原则	
SEO 营销注意事项	

步骤 1：分析与优化关键词

小王通过资料学习了解到，关键词是 SEO 中最为关键的内容，根据营销目标及词性可分为竞价词和本企业核心关键词，竞价词主要作为付费广告的关键词，这类词的特点在于竞争大、用户活跃度高、流量大，其主要目的在于吸引潜在客户，提升产品市场占有率。本企业核心关键词则以品牌关键词或产品关键词为主，主要目的在于提升品牌影响力以及提高产品知名度。

在进行关键词分析时，首先需要挑选出核心关键词，其次是拓展关键词和长尾关键词。

例如，广西农产品贸易网的核心关键词是"广西农产品""广西农户""广西农业企业""广西农业合作社""农产品信息""广西特产""广西农产品贸易网"；拓展关键词是对核心关键词的扩展，比如"广西农产品销售平台""广西农产品交易中心"；长尾关键词是对相关关键词的扩展，一般长尾关键词都是一个短句，比如"广西农产品贸易网上的产品怎么样？"

需要注意的是如果根据使用场景划分关键词，可分为电商关键词和信息类关键词，前者的主要搜索平台是以电商类网站为主，如淘宝、京东、拼多多，后者则以信息搜索为主，如百度、360 搜索等，信息搜索类网站关注的是信息类关键词，而电商网站关注的是有明显购买意图的电商关键词。

知 识 链 接

核心关键词：核心关键词就是经过分析筛选出来的能够反映网站主题和定位的关键词。

长尾关键词：长尾关键词是指除目标关键词外，能够引导流量至网站的词汇。这些关键词具备一些显著特征，如字数相对较长，通常由 2～3 个词组构成，甚至可以是简短的句子。

拓展关键词：拓展关键词指的是在原有的核心关键词基础之上，进一步增加那些与主题紧密相关、具备一定参考价值的关键词。

步骤 2：优化内容页面

好的内容页面可以为企业吸引高质量的用户关注，但若网页不符合搜索引擎的要求，则会造成巨大的损失。内容页面优化的几个关键在于页面速度、标题、标签、内容以及关键词。

（1）页面速度即页面加载的用时长短，用时越短用户体验越好。除去服务区、网络链接等外在因素外，页面中的文件大小是影响速度的主要原因，所以在内容创建上尽可能地减少图像和多媒体信息的使用。

（2）标题应言简意赅，能够清楚地告知顾客这是一种什么样的商品，以及它的优点、用法。文章的题目一定要有新意，并且要考虑标题的长度和主题词密度。

（3）标签是搜索引擎抓取页面的一个重要因素，所以标签一定要有针对性。例如，网站 Meta 标签包括网页关键词（Keywords）、标题（Title）、描述（Description）三个部分，如图 3-2 所示。

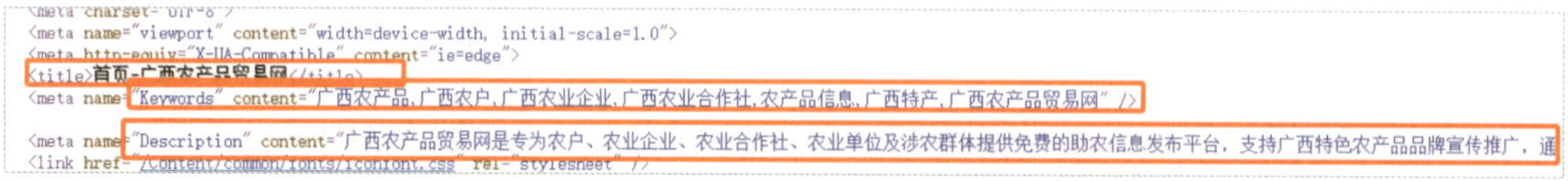

```
<meta charset="utf-8">
<meta name="viewport" content="width=device-width, initial-scale=1.0">
<meta http-equiv="X-UA-Compatible" content="ie=edge">
<title>首页-广西农产品贸易网</title>
<meta name="Keywords" content="广西农产品,广西农户,广西农业企业,广西农业合作社,农产品信息,广西特产,广西农产品贸易网">
<meta name="Description" content="广西农产品贸易网是专为农户、农业企业、农业合作社、农业单位及涉农群体提供免费的助农信息发布平台,支持广西特色农产品品牌宣传推广,通
<link href="/content/common/fonts/iconfont.css" rel="stylesheet" />
```

图 3-2　广西农产品贸易网 Meta 标签

（4）网站内容不可雷同，要随客户要求不断进行修改，方能得到使用者的认同。

（5）关键词一般要从三个方面去考虑，包括与关键词相关的网站、用户搜索习惯和网页内容。

步骤 3：优化网站结构

网站结构对于搜索引擎来说非常重要。一个良好的网站结构应该有清晰的层次结构、导航、规范的统一资源定位符（URL）等特点。

（1）清晰的层次结构：网站应该有一个明确的分类结构，每个页面都应该被归入一个合适的分类中。

（2）导航：网站的导航应该简单明了，让用户能够轻松找到自己需要的内容。

（3）规范的 URL：URL 应该短小精悍，不要使用过长或含有复杂字符的 URL。

知 识 链 接

URL 是一种对可以从互联网上得到的资源进行访问的表示，是互联网上标准资源的地址。URL 包含模式（协议）、服务器名称（IP 地址）、路径和文件名，格式为"协议（https）：// 主机地址 / 路径查询"如 https://www.baidu.com/img/bdlogo.gif，https://183.232.231.173/img/bdlogo.gif。

步骤 4：优化网站链接

网站的链接包括内部链接和外部链接两种。内部链接的设置对搜索引擎优化具有关键作用，能够帮助搜索引擎更有效地发现网站内的关键词，并快速呈现网站的整体结构。同时，内部链接也极大提升了用户的浏览体验，使用户能够更便捷地找到所需的具体信息，从而有效减少用户流失。此外，通过巧妙地运用引导性词汇，内部链接还能引导潜在客户主动点击，进而促进咨询和沟通的顺利进行。

而外部链接则对网站权重的提升和流量的引入具有累积效应。通过外部链接，网站能够获得更多来自其他平台的精准潜在客户，进而提升转化率。随着成交客户数量的增

加，这些客户会在其社交网络中分享和传播网站的内容，这不仅能够带来更多的流量，促进网站权重的进一步增长，还能在口碑传播的影响下，显著提升网站的经济效益。

动手小练

假设你是当地一家传统企业的营销人员，该企业目前正处于转型期，为了更好地开拓线上市场，企业新建了一个官方网站"××食品网"，请你为该企业网站设计关键词。

请将相关关键词内容填写至表 3-2 中。

表 3-2　网站关键词

核心关键词	
拓展关键词	
长尾关键词	

活动 2　探究 SEO 实施步骤

在简单了解清楚 SEO 的核心内容后，小王准备结合自身情况开展搜索引擎优化，具体实施步骤如下。

步骤 1：确定营销目的

小王此次布局 SEO 的目的在于提升品牌知名度、增加产品曝光度。他将通过合理的关键词布局、内容原创、外链建设等操作，让更多的人了解企业及产品信息，获得更多的目标客户，进而实现转化，提高企业在搜索引擎中的品牌形象和知名度。

步骤 2：筛选与设置关键词

在筛选关键词之前首先要获取关键词，可以围绕企业所展示的信息来获取关键词。小王公司名称为"广西兴农电子商务有限公司"，核心销售产品有南宁柑橘、灵山绿茶、永福罗汉果等。小王将根据关键词的使用场景对关键词进行划分和筛选，并分别通过百度和淘宝获取。

1. 筛选信息类关键词

通过搜索引擎搜索框选择与产品相关的关键词，如在百度中搜索"灵山绿茶"，如图 3-3 所示，搜索框下方出现若干联想词，小王将搜索到的关键词根据词性进行了分类，如表 3-3 所示，包括核心关键词、拓展关键词和长尾关键词。

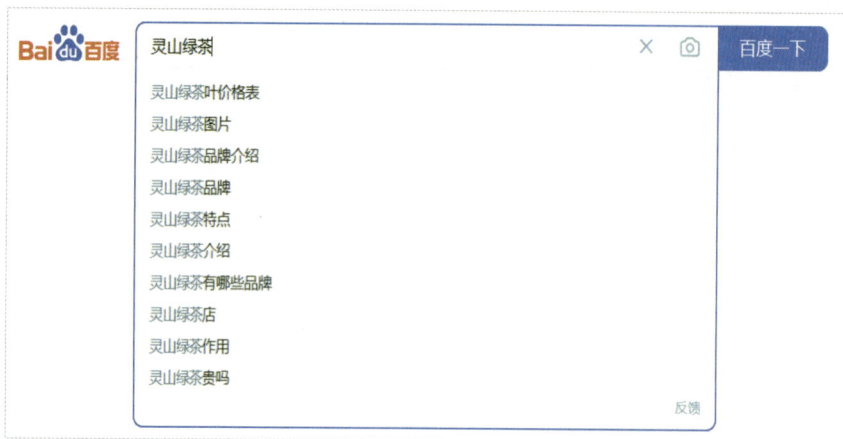

图 3-3　搜索框获取关键词

表 3-3　信息类关键词统计

灵山绿茶	核心关键词	绿茶、灵山绿茶
	拓展关键词	灵山绿茶叶价格表、灵山绿茶叶价格表图片、灵山绿茶品牌
	长尾关键词	灵山绿茶有哪些品牌、灵山绿茶贵吗、灵山绿茶特点

除百度搜索框外，还可以通过专业的关键词工具来获取关键词，如站长工具、百度指数等，如图 3-4 所示。这些工具能够帮助企业更准确地了解用户的搜索习惯和关键词的竞争情况，从而更好地进行网站优化和推广。

（a）

（b）

图 3-4　关键词获取

（ c ）

图 3-4　关键词获取（续）

知 识 链 接

　　站长工具可以帮助网站管理者及时监控网站 SEO 情况，包括收录查询、关键词挖掘、检测网站死链接、蜘蛛访问、网站速度测试、友情链接检查、权重查询等。其中涉及关键词的功能较多，包括关键词排名、关键词密度检测、关键词优化分析、关键词挖掘等，在星网词库里可以获取更多行业关键词信息。

　　百度指数是以百度海量网民行为数据为基础的数据分享平台。在这里，运营者可以研究关键词搜索趋势，洞察网民兴趣和需求，监测舆情动向，定位受众特征。

2. 筛选电商类关键词

　　小王在淘宝、拼多多等平台搜索与主营产品相关的信息，如图 3-5 所示，在平台搜索框中搜索"广西特产""茶叶""罗汉果"等关键词，在联想词中挑选出适合推广的关键词。

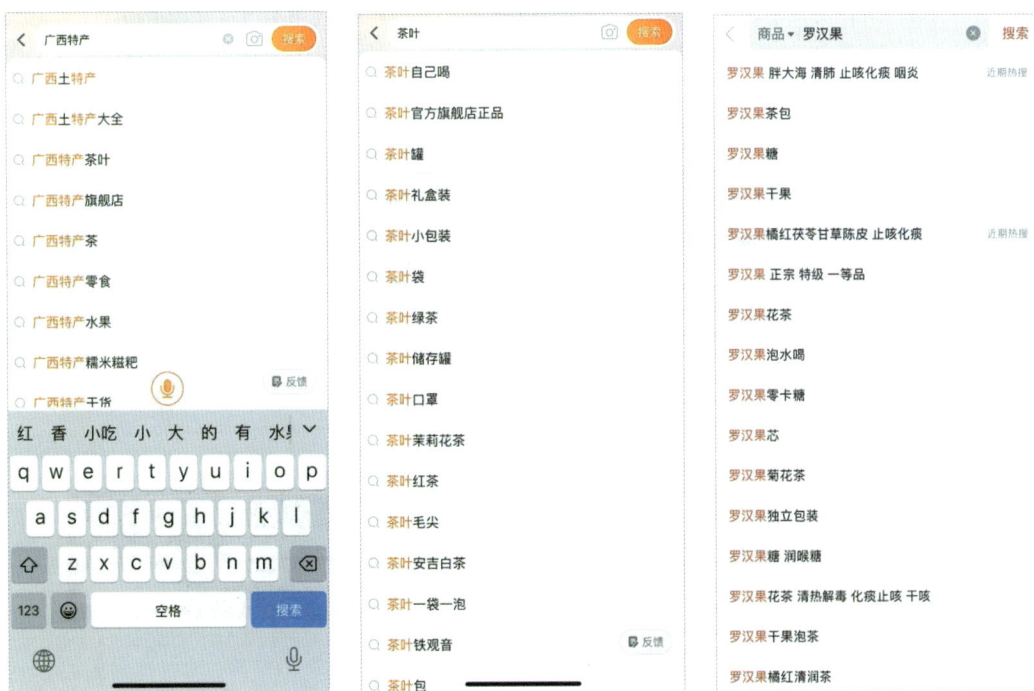

图 3-5　电商类关键词搜索联想词

通过电商平台搜索竞争对手网店，查看对手网店关键词设置。例如，在淘宝中搜索"广西农产品"，如图 3-6 所示，进入网店找到绿茶产品，获取关键词"绿茶""浓香型新茶""送礼茶""特产"等。

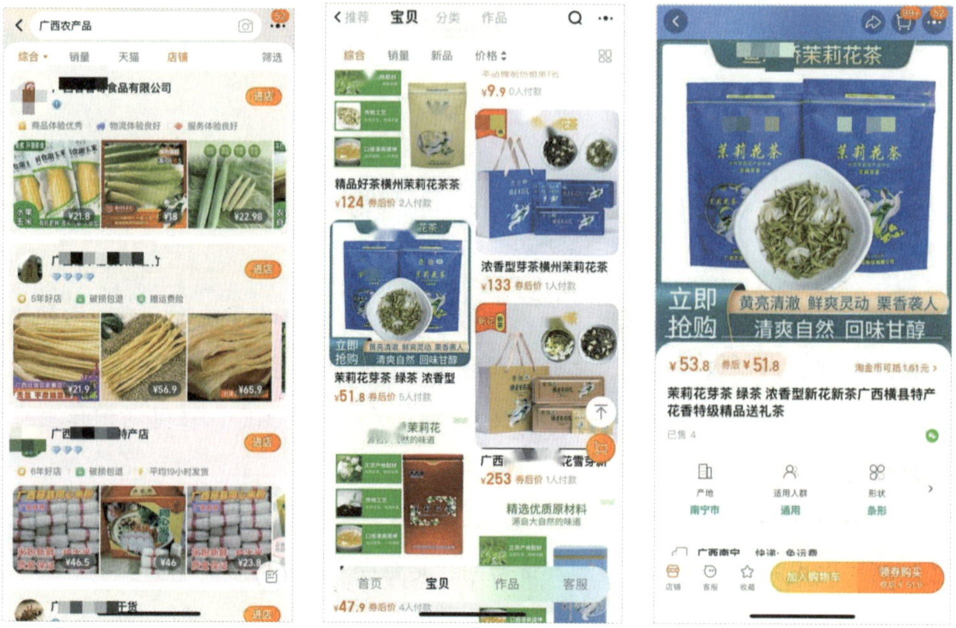

图 3-6　竞争对手网店关键词获取

除此之外，小王利用生意参谋中的选词助手模块进行关键词挖掘，如图 3-7 所示，单击数据里面的"生意参谋"进入生意参谋页面，接着单击"流量"按钮进入数据纵横页面，再单击"流量看板"按钮，如图 3-8 所示。然后单击左侧的"选词助手"按钮进入选词助手页面，如图 3-9 所示，在选词助手页面可以查看到网店关键词引流的效果和各项指标，根据网店实际情况选择优质关键词并将其记录在 Excel 表格中。

图 3-7　生意参谋页面

图 3-8　数据纵横页面

图 3-9　生意参谋选词助手页面

知识链接

　　电商类关键词分为品牌词、核心词、属性词、人群词、功能词以及促销词，品牌词指商品的品牌或者代理商品的品牌，如"波司登"；核心指商品名称的各种称呼，"羽绒服"就是一个核心词；属性词指与商品属性相对的词语，能够说明尺寸、色彩、质地等相关的商品信息，如"白色长款羽绒服"中的"白色""长款"；人群词指表明商品销售目标人群的词语，如"老人""小孩""青年""女士"等；功能词指表明商品的实际用途或效果的词语，如"美白""增高""显瘦""保温""保鲜"等；促销词是指与网店活动相关、能够吸引刺激买家产生购买欲望的词，如"包邮""特价""火爆热卖""限时打折"等。

　　小王结合自己的公司名称及搜索结果，汇总编辑完成电商类关键词统计表，如表 3-4 所示。

表 3-4　电商类关键词统计

电商类关键词 （以绿茶为例）	品牌关键词	兴农食品、兴农企业、兴农农产品
	核心关键词	绿茶、灵山绿茶、新茶、送礼茶、灵山新茶、高山绿茶
	长尾关键词	浓香型绿茶、特级灵山绿茶、茶叶礼盒装

3. 设置关键词

（1）设置信息类关键词。小王将信息类关键词添加到文章标题中，如"广西灵山茶叶是什么茶"，在文章中设置关键词"灵山茶叶""绿茶""红茶"等，如图 3-10 所示。请注意，部分平台的文章可以设置关键词链接，可在设置时将链接地址直接填写为企业产品信息页的 URL。

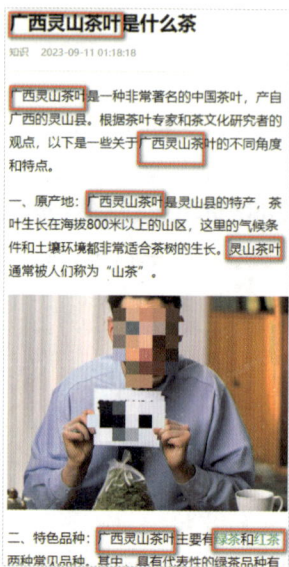

图 3-10　文章中信息类关键词设置

（2）设置电商类关键词。电商类关键词的设置主要体现在产品标题上，如图 3-11 所示。

图 3-11　电商类关键词设置

步骤 3：优化网站页面

完成关键词筛选与设置后，小王对自己的网站页面进行了优化，包括网站结构优化和网站内容优化。

1. 网站结构优化

网站结构优化分为两个部分，导航结构优化和 URL 结构优化。导航结构优化是指通过调整网站菜单和链接结构，使用户更容易找到目标页面，提高搜索引擎的可识别性。

小王优化导航结构使用简洁明了的菜单，减少链接层级，删除网站内的死链接，为重要页面创建独立的 URL，提供易于理解的链接标题。URL 结构优化是指对 URL 进行规范整理，使其易于被搜索引擎理解和抓取。小王将网站 URL 从"https://www.xingnong.com"修改为"https://www.xnds.com"，缩短名称，让 URL 结构更加简洁明了，帮助提高网站的可读性，提升 SEO 排名。

知 识 链 接

死链接，又称为无效链接，是指原本正常工作但现在无法访问的链接。当用户或搜索引擎尝试访问这些链接时，通常会收到服务器返回的 404 错误页面，表明请求访问的链接未找到。

2. 网站内容优化

网站内容优化是指在保证内容完整性的前提下优化内容呈现方式。小王对网站内大文件进行整理，在内容上多以图、文、表的形式呈现，提高内容的易读性、理解性和记忆性。

在优化网站页面之后，小王还注重提升网站的用户体验。他深知用户体验对于网站流量和转化率的重要性，因此采取了一系列措施来优化用户的访问体验。

首先，小王优化了网站的加载速度。他压缩了图片和代码，减少了不必要的插件和脚本，以提高网页的加载速度。同时，他还优化了网站的响应速度，确保用户在访问网站时能够迅速获得反馈。

随后，小王加强了网站的互动性。他增加了用户评论和反馈功能，鼓励用户参与讨论和分享经验。同时，他还定期发布有价值的内容和活动，吸引用户的关注。这些措施不仅提高了用户的满意度和忠诚度，还增加了网站的流量和曝光度。

在网站优化的过程中，小王还注重数据的分析和监控。他通过定期查看网站的访问量、关键词排名等数据，了解网站的运行状况，及时发现问题并进行调整。这种数据驱动的优化策略，使小王的网站在竞争激烈的市场中脱颖而出，为公司带来了更多的曝光和销售机会。

综上所述，小王通过确定营销目的、筛选和设置关键词、优化网站结构等一系列措施，有效提升了网站的权重和排名。这些经验和方法不仅适用于他的公司，也为其他企业在网站优化方面提供了借鉴。

行 业 故 事

某全球知名的短租和民宿预订平台在 SEO 营销方面成就斐然。在关键词研究方面，确定了"民宿""短租""住宿预订"等核心关键词，还针对不同地区和特色房源细化出如"海边短租公寓""巴黎特色民宿"等长尾关键词，同时深入分析用户搜索习惯和意图，涵盖多种需求场景，如"家庭出游适合的民宿""靠近景点的短租"等。网站优化上，在页面优化方面，精心设计房源页面标题，描述突出房源卖点和用户体验，优化网站结构方便用户筛选；在内容优化方面，建立丰富的旅游目的地指南和住宿攻略板块，鼓励房东分享故事，增加内容丰富度和真实性；在技术优化方面，确保网站在不同设备流畅显示和快速响应，提升页面加载速度。在外部链接建设方面，与旅游博主、旅行杂志合作，邀请体验撰写文章带链接，参与展会活动获取宣传链接，还与旅游局、景点管理部门合作互相推荐链接。其产品核心诉求是满足用户多样化住宿需求，营销内容贴合用户体现在根据用户搜索习惯确定关键词，用丰富内容满足用户出行、喜好、预算等需求，通过多渠道合作让用户获取真实可靠的住宿信息和推荐，提升用户体验和平台竞争力。

【案例思考】

阅读本案例后思考：在面对不断变化的市场和用户需求时，该平台应该如何持续优化和调整它的关键词策略，以保持其在搜索引擎中的优势地位和满足用户的需求呢？

任务回顾

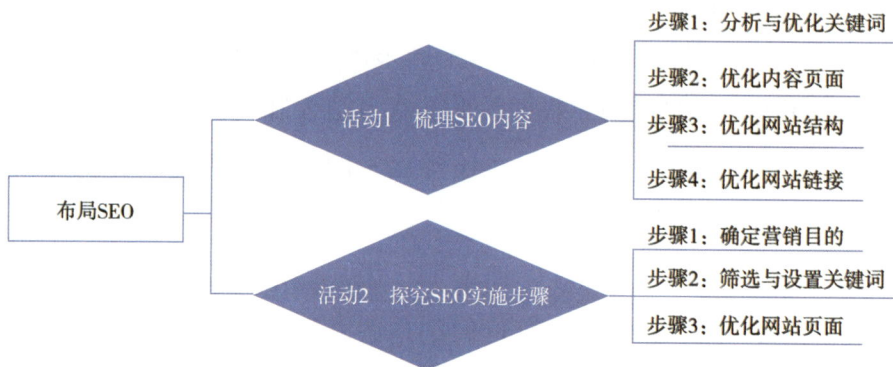

任务实训

SEO 实训——为某农产品销售网站布局 SEO

一、实训概述

本任务为 SEO 实训，将以某农产品网站为对象，完成营销目的确定、关键词筛选和设置、网站结构优化等内容，使学生在实训过程中掌握 SEO 技巧。

二、实训素材

（1）相关实训软件。

（2）智能手机实训设备。

三、实训内容

学生自由分组，并推选一名组长，由组长根据小组情况进行任务分工，最后以小组为单位针对实训背景进行实训操作。在实训中，教师指导并帮助学生完成实训内容。

四、实训背景

网站背景介绍如表 3-5 所示。

表 3-5 网站背景介绍

公司简介	网站隶属于广西××电子商务有限公司。公司凭借多年的电商营销经验，为客户提供科学的技术服务，获得客户一致好评。公司经营范围包括食品线下销售和食品互联网销售。公司产品主要以广西土特产、水果等为主
公司产品	广西土特产：古辣香米、坛洛香蕉、荔浦芋头、海鸭蛋； 广西水果：百香果、柑橘、荔枝、龙眼、火龙果
需要进行关键词设置的产品	百香果、柑橘、荔枝
关键词设置目标	提高产品咨询数、提升内容收录量、提升产品排名、提升产品销售额

五、实训任务

1.挖掘关键词

学生在教师的指导下，根据企业及产品名称确定出部分关键词。结合这些关键词并利用工具找出拓展词及长尾关键词，通过使用站长工具平台提供的挖词功能，进行"百香果"关键词挖掘，选择"SEO 优化"→"关键词挖掘"命令，如图 3-12 所示，在搜索框输入"百香果"，得出与"百香果"关联的关键词，如图 3-13 所示。

图 3-12 使用站长工具平台挖掘关键词

为您找到相关结果约1,715,714个　导出数据

全部　指数词　竞价词　PC流量词　移动流量词　流量特点词　竞价竞争度词

序号	关键词	收录量	长尾词数	商业词	全网指数	价值	PC热度	移动热度	竞争激烈度
1	百香果的作用与功效	21400000	7949	994	2813	0.0	0	0	-
2	百香果的正确吃法	0	0	228	2155	0.61	128	4203	简单
3	百香果	56700000	1377074	2296	1892	0.72	640	5873	简单
4	百香果的功效与作用及食用方法	20100000	133	868	1067	1.69	31	2736	简单
5	百香果的籽能吃吗	26200000	1162	824	763	1.11	96	1320	简单
6	百香果图片	15800000	56402	1093	610	0.68	20	976	简单
7	百香果怎么吃	23800000	16959	1313	507	0.58	60	788	简单
8	百香果泡水的正确方法	14400000	462	901	316	0.43	2	86	简单
9	孕妇可以吃百香果吗	5190000	4657	799	220	0.54	8	280	简单
10	百香果的功效	20100000	21165	1191	198	0.82	8	145	简单
11	百香果的功效与作用	18900000	7949	1304	193	0.61	13	367	简单

图 3-13　使用站长工具平台挖掘关键词的结果

在百度搜索框中输入“百香果”，得联想词，如图 3-14 所示。

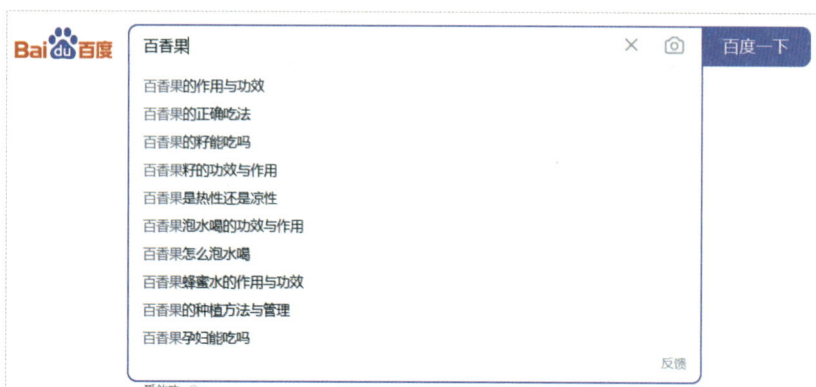

图 3-14　使用百度搜索框挖掘关键词

除此之外，可通过淘宝、拼多多等电商平台，搜索产品关键词或店铺，如图 3-15 所示，搜集联想词。

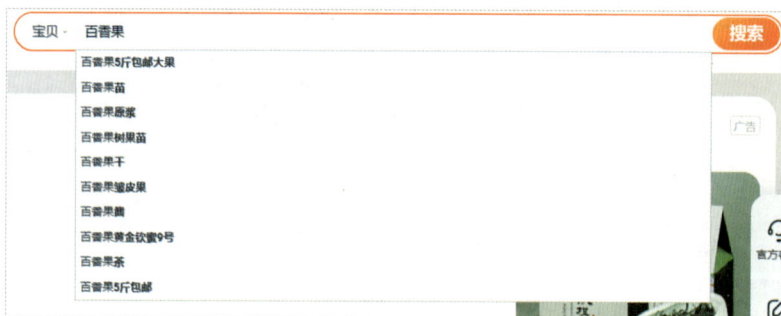

图 3-15　使用淘宝搜索框挖掘关键词

2. 整理关键词

将挖掘出的关键词进行整理，分析出 1 ~ 2 个适合网站的核心关键词、3 ~ 5 个长尾关键词，并填写在表 3-6 中。

表 3-6　整理关键词

搜索词	挖掘方法	核心关键词	长尾关键词	数量总计
广西土特产	站长工具平台			
	百度搜索框			
	淘宝搜索框			
	拼多多搜索框			
百香果	站长工具平台			
	百度搜索框			
	淘宝搜索框			
	拼多多搜索框			

任务2　布局SEM

任务描述

在完成 SEO 布局后，小王会进行 SEM 布局，尝试通过百度推广和巨量引擎等平台付费进行广告投放。在此之前，小王进一步学习了 SEM 的相关知识，包括 SEM 原理、形式、付费方式、投放平台、百度推广与巨量引擎推广的区别以及 SEM 新业态，并通过案例进一步掌握 SEM 布局具体实施步骤及技巧。

任务实施

活动 1　全面认识 SEM

步骤 1：了解 SEM 工作原理

小王通过学习资料了解到，SEM 的工作原理是利用搜索引擎的排名机制，将相关的广告或信息展示给搜索用户，从而吸引潜在客户并转化为实际客户。搜索引擎通过关键词匹配和广告质量评估，决定广告的展示位置和顺序。

步骤 2：探索 SEM 形式

小王在百度和今日头条搜索同样的关键词，在搜索页中发现部分结果下方会出现"广告"字样，如图 3-16、图 3-17 所示，除此之外，小王浏览了百度和今日头条移动端的页面，发现在推荐页中也有广告，如图 3-18 所示。

图 3-16　百度搜索页的广告

图 3-17　今日头条搜索页的广告

图 3-18　百度推荐页的广告

为此小王对 SEM 广告形式进行了分析，最终得出以下结论：

（1）企业购买搜索引擎关键词竞价排名服务，以提升产品信息排名位置。竞价排名是一种按效果付费的推广方式，只有当用户点击了相关链接，企业才需支付相应的费用。这种模式有效避免了无效推广费用的产生，提升了广告投放的效果。同时，企业还享有高度的自主性，可根据实际需求灵活调控点击价格与推广费用，并对用户点击情况进行精准统计。此外，通过合理设置时间、地区等参数，企业能够进一步提升推广的精准度，实现更高效的广告投放。

知识链接

竞价排名又称付费推广是网络营销中常用的一种推广方式，是按照点击次数来付费的，付费后公司网站会出现在搜索结果页面的顶端，竞价排名又分为按展示付费和按点击付费两种付费方式。

信息流广告是一种嵌入式和原生咨询广告形式，其核心目的是激发并影响用户的消费需求。

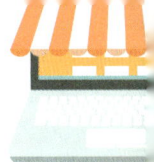

（2）企业通过平台投放定向广告，如百度的信息流广告，在投放方式上，信息流广告与搜索广告具有相似性，但其定向设置更为精细。依据用户的年龄、性别、地域、兴趣及意图等多元维度进行精准投放，旨在实现广告内容与用户需求的精准匹配。同时，信息流广告在展示方式和计费模式上也表现出更高的灵活性，以适应不同的广告需求和市场环境。

步骤 3：探究 SEM 付费方式

小王通过互联网查找，了解到 SEM 有多种付费方式，使用 SEM 的客户主要有如下支出方式：每点击成本（Cost Per Click，CPC）、单位时间成本（Cost Per Time，CPT）以及千人成本（Cost Per Thousand Impressions，CPM）。

CPC 的定向投放原理是基于搜索引擎用户之前主动搜索的数据模型判断客户最近的需求。点击价格的定价模型是：

平均点击价格=同行业关键词所有出价总和/广告主数量

一般 SEM 客户在平均点击价格的基础上加价就会获得一个中上的排名位置。

对于希望获取更多流量的品牌客户，推荐采用 CPT 的方式投放广告。在此模式下，企业自主选择广告位和投放时段，费用与广告点击量无关。SEM 提供商会预先设定每个广告位的费用，企业可按需选择购买的时间段，无论是按周还是按天，只要企业指定的时间或广告位未被其他企业占用即可购买。CPT 的费用需由客户的运营团队进行询价。

而对于希望打造品牌效应的客户，更推荐使用 CPM 方式进行广告投放。这种方式能够为广告主的新品提供海量曝光，从而吸引更多关注，对品牌塑造具有显著效果。

步骤 4：了解不同的 SEM 投放平台

小王进一步了解了不同的 SEM 投放平台，发现每个平台都有其独特之处和优势。

首先是百度推广。作为中国最大的搜索引擎，百度拥有庞大的用户群体和精准的广告投放技术。通过百度推广，企业可以针对关键词进行竞价排名，将广告展示给搜索相关关键词的用户，实现精准营销。同时，百度推广还提供了丰富的定向投放选项，如地域、年龄、性别等，帮助企业更好地锁定目标受众。

其次是巨量引擎。作为字节跳动旗下的广告平台，巨量引擎拥有海量的用户数据和先进的算法技术。通过巨量引擎，企业可以在今日头条、抖音等平台上投放广告，利用用户兴趣和行为数据进行精准定向。巨量引擎的广告形式丰富多样，包括信息流广告、视频广告等，可以满足企业不同的营销需求。

此外，还有其他一些投放平台，如 360 推广、搜狗推广等。这些平台虽然用户规模和市场份额相对较小，但也有一些特定的用户群体和投放优势。企业可以根据自身需求和预算选择合适的投放平台。

搜一搜

尝试搜索不同搜索平台在竞价排名中的计费方式，将结果填写至表 3-7 中。

表 3-7　不同平台竞价广告计费方式

平台	计费方式

小王通过对百度推广与巨量引擎的对比分析，发现两者在目标受众、投放位置、广告形式、投放方式、付费方式有所不同，为此小王通过列表的形式进行了总结，如表 3-8 所示。

表 3-8　百度推广与巨量引擎的区别

对比事项	百度推广	巨量引擎
目标受众	面对全域的搜索用户	面对移动端年轻用户
投放平台	主要覆盖百度搜索结果页面、百度贴吧、百度知道等多个百度旗下产品	主要覆盖头条、抖音、西瓜视频等短视频平台，以及今日头条、搜狐新闻、网易新闻等新闻资讯类App
广告形式	以搜索广告、展示广告、信息流广告等形式展现	以短视频广告、品牌推广、橱窗展示等形式展现
投放方式	以点击量为主的广告投放方式，广告主需要为用户点击广告付费，根据竞价排名决定广告的展示位置	以曝光量为主的广告投放方式，即广告主需要预先设置广告的展示次数和曝光量，由平台根据用户的行为数据自动优化广告投放效果
付费方式	展示收费、点击收费、按照转化收费	点击计费、按照效果付费、按照点击转化收费、按照曝光千次收费

步骤 5：探究 SEM 新业态

小王发现目前互联网用户对于信息的获取不再局限于单一结果，更加注重搜索结果时的体验感。例如，用户在短视频平台搜索一款产品信息，平台会通过智能算法，依据用户的搜索关键词，精准推荐相应商品。不仅如此，平台还会展示更多与关键词相关的内容，让用户深入了解产品的使用方法、功能等信息。这一过程旨在深度挖掘用户的兴趣点，确保用户所见信息不再局限于单一结果，而是能够全方位、多角度地满足用户的需求。

这种智能推荐系统背后，离不开先进的算法和大数据技术。平台通过对用户的行为数据、偏好数据等进行深度分析和挖掘，能够精准识别用户的多元需求，并为其推荐最适合的信息。这不仅提升了用户的信息消费体验，也帮助商家更好地理解市场需求，制定更精准的市场策略。

行业故事

　　美汁源搜索引擎营销的策略可谓精准而富有创意。作为一个知名的果汁品牌，美汁源在 SEM 上注重的不仅是品牌曝光度，更是与消费者建立深度连接的能力。

　　美汁源深知搜索引擎是现代人获取信息的重要途径，因此，他们在关键词的选择上下足了功夫。他们不仅选择了与产品直接相关的关键词，如"美汁源果汁""美汁源口感"等，还注重与消费者生活场景、健康理念等相关的关键词，如"健康饮品推荐""早餐搭配果汁"等。这样的关键词策略使得消费者在搜索与果汁、健康等相关的信息时，能够更容易地接触到美汁源的品牌和产品。

　　此外，美汁源还通过搜索引擎广告的形式，与消费者进行互动，如开展有奖问答、征集用户故事等活动，进一步拉近了与消费者的距离。

　　总的来说，美汁源的 SEM 策略充分利用了搜索引擎的特点和优势，既提升了品牌知名度，又增强了与消费者的互动，提升了客户黏性。这样的营销策略不仅有助于美汁源在竞争激烈的市场中脱颖而出，也为消费者提供了更加便捷、有趣的购物体验。

【案例思考】

　　阅读本案例后思考：企业如何通过搜索引擎和客户取得联系？

活动 2　梳理 SEM 实施步骤

　　在全面认识 SEM 后，小王通过学习多个案例分析以及资料，对 SEM 的实施步骤进行了梳理，具体步骤如下：

步骤 1：确定目标客户

　　SEM 的目标客户群主要锁定在具备购买意向的潜在客户上，他们对于企业所提供的产品或服务有着明确的需求。在展开 SEM 活动之前，务必清晰地界定目标客户群体，并深入了解他们的需求和购买行为模式，以便更有针对性地制定营销策略。

　　通常情况下，客户在进行信息搜索时有三种主要需求：其一，客户可能需要搜索特定的信息以满足其知识获取或了解的需求；其二，客户可能期望获得更为详细和全面的信息，以便对某一主题或问题有更深入的理解；其三，客户可能意在获取特定的产品或服务，以满足其实际的需求或问题解决方案。这三种需求构成了客户在进行信息搜索时的基本动机。

步骤 2：确定关键词

确定关键词是 SEM 的重要工作。关键词选择是否恰当直接影响到企业在网站的排名，而且还影响到网站流量，因此，在进行 SEM 之前要先确定好关键词。

确定关键词时，企业要考虑用户需求和搜索习惯、行业特点、竞争情况、企业特点、目标客户群体等多个因素。

一般企业可以将用户需求和用户搜索习惯作为关键词的筛选标准，还可以通过竞争对手的网站、搜索引擎工具（如百度指数等）来了解竞争对手的情况，从而确定合适的关键词。

步骤 3：选择投放渠道

首先，企业在选择投放渠道时，必须确保其正确性，并紧密结合自身产品和服务的特性进行考量。当前，主流的搜索引擎流量主要来源于百度、今日搜索等平台。若企业的产品或服务与这些平台具有紧密关联性，那么在相应平台上进行广告投放无疑是一个明智的决策。

步骤 4：制定投放策略

竞价广告投放需要结合营销目的，符合产品特点及用户需求，不可盲目投放。例如，一家企业想要通过竞价排名提升品牌知名度和影响力，可以选择巨量引擎的品牌广告投放，这样广告会在今日头条首页和推荐页出现。如果想要增加产品曝光度，则可通过关键词竞价的方式进行广告投放。总之，投放策略需根据需求而定。

步骤 5：编辑创意广告文案

通过浏览创意广告，小王发现在撰写广告文案时，务必使其简洁明了、引人入胜，并能够精准地传达企业的营销信息。如图 3-19 所示，某网店通过图片和创意标题的形式引导用户点击。在创作过程中，需严格遵守搜索引擎广告的规范，并避免与竞争对手的广告内容雷同，以确保广告的有效性和独特性。

步骤 6：检测广告效果

广告投放后，为确保其达到最佳效果，企业运营人员必须定期进行效果监

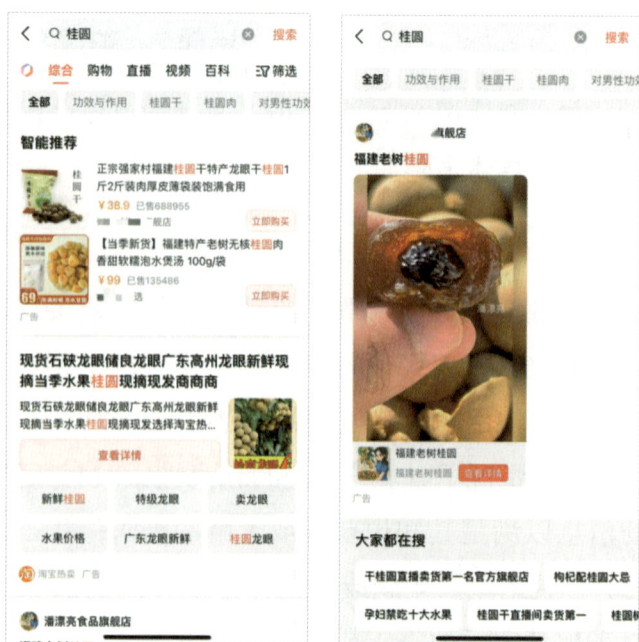

图 3-19　今日头条搜索广告

控，如收集广告的点击率、网站 / 网店的浏览量、产品销售情况等，然后基于所收集的数据深入分析，查看更准确的实际效果，并根据这些信息进行有针对性的优化与调整。这种做法不仅能有效提升广告的点击率和转化率，进而推动销售业绩的增长，同时也有助于降低广告投放的成本，实现更高效的投资回报。

在 SEM 实施过程中，小王以巨量引擎为投放渠道，进行了简单的广告投放，具体步骤如下：

1. 登录平台

使用账号密码登录平台，如图 3-20 所示。

图 3-20　登录巨量引擎广告投放平台

2. 创建广告组

进入后台后，单击导航栏上的"推广"按钮，选择"创建新广告组"标签，根据推广的产品或服务类型选择推广目的，如"电商店铺推广"。创建广告组如图 3-21 所示。

图 3-21　创建广告组

如图 3-22 所示，广告组类型有"信息流广告"和"搜索广告"，可根据营销目的确定广告类型，并在下方设置广告组预算和广告组名称。

图 3-22　选择广告组类型

3. 创建广告计划

选择投放范围，投放范围分为"默认"和"穿山甲"两大类，如图 3-23 所示。其中默认投放范围包括今日头条、西瓜视频、抖音等巨量引擎旗下产品，"穿山甲"的流量主要来自厂商流量和其他知名 App。这里投放范围选择"默认"。

选择投放目标。如图 3-24 所示，投放目标有"转化量""点击量""展示量"三种，可根据需求选择，然后选择广告的下载方式，"下载链接"指广告应用的具体链接，方便用户下载，"落地页"指广告最终的页面，可以是头条内的页面，也可以是其他应用中的详情页。

图 3-23　选择投放范围

图 3-24　选择投放目标

选择完投放目标后，根据推广产品或服务的目标人群属性新建定向人群，如图 3-25 所示。

设置预算与出价。可设置"日预算"或"总预算"，也可设置指定的投放时间段，如图 3-26 所示。

图 3-25　新建定向人群

图 3-26　设置预算与出价

填写计划名称，如图 3-27 所示，完成广告计划创建。

图 3-27　填写计划名称

4. 创建广告创意

设置广告位、创意内容，如图 3-28 ~图 3-31 所示。

图 3-28　设置投放广告位图

3-29　选择创意类型

图 3-30　添加创意内容

图 3-31　上传创意视频

添加创意文案，填写创意标题，插入动态词包，包括"地点""日期""年龄"等，如图 3-32 所示。

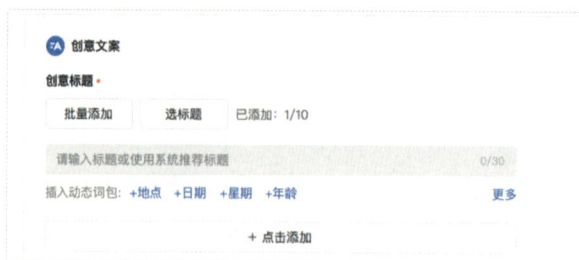

图 3-32　添加创意文案

完善创意设置，包括"头像""来源""创意分类"等，如图 3-33 所示。头像用于广告展示，头像图片要求清晰、健康，能代表品牌形象；来源可以填写公司品牌名称；创意分类自带行业/产品分类供直接选择；创意标签可以自定义，一个标签字数在 10 字以内，最多选创建 20 个标签。

创建广告创意后提交审核，审核通过后即可投放广告。

图 3-33　完善创意设置

知 识 链 接

SEM 创意是指企业通过内容创作借助搜索引擎平台向目标用户展示具有创意的产品信息。巨量引擎推广则包含三个部分：标题、摘要、广告来源。

搜索引擎营销创意通常遵循以下衡量标准：

首先，创意的完整性。在使用通配符时，必须确保创意文案的通顺性和完整性。

其次，创意的相关性。如果创意的标题和描述内容缺乏相关性，将严重影响点击率。因此，运营人员必须确保将企业的核心卖点突出展示。

通常，标题被视为最有价值的内容部分，而描述则用于进一步解释和深化标题内容，以激发用户的兴趣并引导他们点击查看详情。

任务回顾

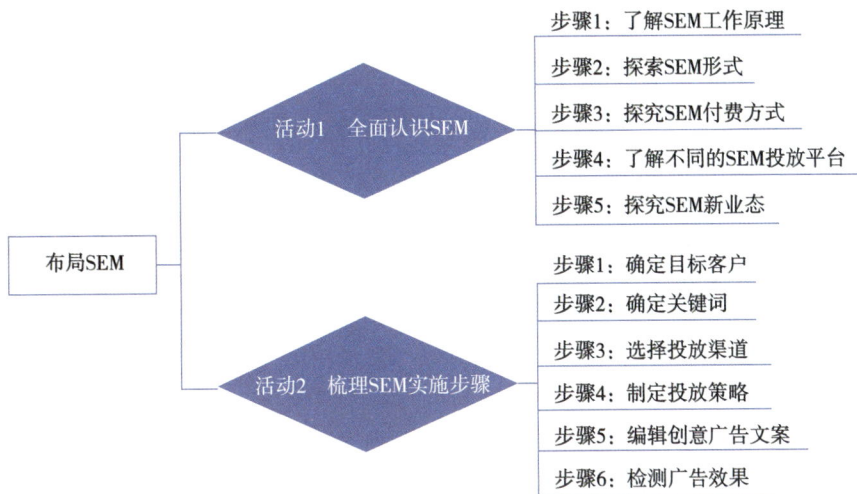

任务实训

SEM 实训——某农产品网站 SEM

一、实训概述

本任务为 SEM 实训，以本项目任务 1 实训中的企业为背景，尝试开展 SEM 活动。

二、实训素材

（1）相关实训软件。

（2）智能手机实训设备。

三、实训内容

学生自由分组，并推选一名组长，由组长根据小组情况进行任务分工，最后以小组为单位针对实训背景进行实训操作。在实训中，教师指导并帮助学生完成实训内容。

四、实训背景

广西 ×× 电子商务有限公司为了吸引更多客户，决定实施 SEM，以产品为核心，完成竞价关键词的设置以及创意文案的编写，如表 3-9 所示。

表 3-9　公司产品

公司产品	广西土特产：古辣香米、坛洛香蕉、荔浦芋头、海鸭蛋； 广西水果：百香果、柑橘、荔枝、龙眼、火龙果

五、实训任务

1.设定关键词出价

学生在教师的引导下，尝试为企业产品关键词设置出价，如表3-10所示。预计总预算在5 000元，设置后台控制每日上限为100～150元，每个关键词的出价不能超过3.5元，品牌词竞争度较低，因此出价可设置在0.5～1.5元之间，核心产品词竞争力较高，可设置在1.5～3.5元之间，拓展词和长尾词推广的目的是为增加公司产品曝光度，可设置在1.5～2.5元之间。

表3-10 设定关键词出价

关键词分类	关键词名称	出价（元/次）	每日上限（元）	预计总预算（元）
品牌词	广西××农产品			5 000
	广西××电子商务有限公司			
核心产品词	百香果			5 000
	百香果图片			
	百香果产地			
拓展关键词	百香果的功效与作用			
	百香果热量			
长尾关键词	百香果怎么吃好			
	百香果的籽能吃吗			

2.设置关键词信息

学生通过竞价推广平台设置关键词信息，可参考以下步骤：

（1）登录"百度营销"官网，输入百度营销账号及密码，点击"登录"，进入"百度营销"界面，选择"搜索推广平台"模块进入，如图3-34、图3-35所示。

图3-34 登录"百度营销"官网

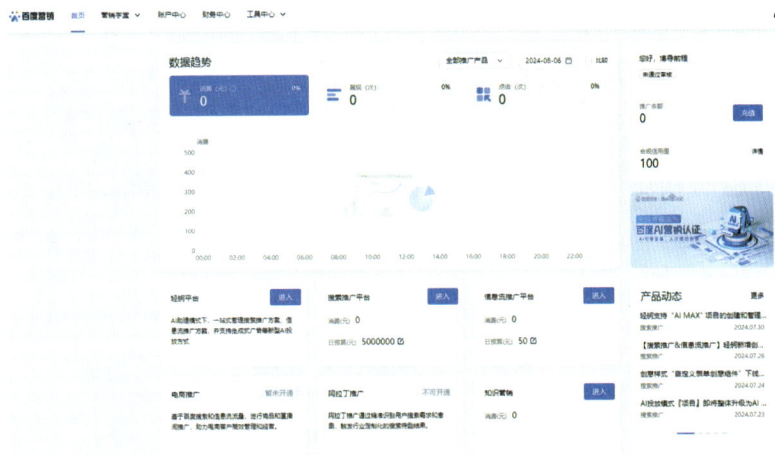

图 3-35 选择"搜索推广平台"模块进入

（2）通过百度推广新建推广计划，进行推广单元的设置，单击"新建关键词"按钮，如图 3-36 所示。

（3）在推荐关键词中挑选竞价关键词，点击右侧"添加"按钮，如图 3-37 所示。

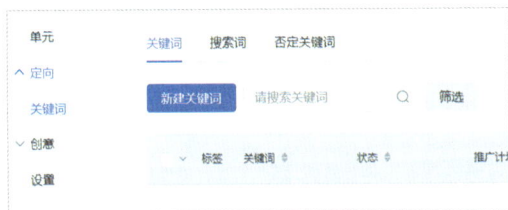

图 3-36 设置关键词

图 3-37 挑选关键词

（3）新建关键词后，为了精准营销，可以对关键词进行分时段推广，如图 3-38 所示。需注意的是，自定义的时段以小时为单位。

图 3-38 关键词推广时段设置

3.编写创意文案

请学生梳理创意广告内容，并按照以下流程展开操作：

（1）确定创意文案标题。结合产品名称"百香果""广西特产"设计创意文案标题。

（2）围绕标题编写描述。描述需突出产品特点、公司优势等，语句要精练。

（3）确定不同创意内容的展示图片。要求图片直白，诱发用户点击查看的欲望。

根据以上内容完成表3-11的填写。

表3-11　编写创意文案

标题	
描述	
创意图片或视频	

任务3　布局ASO

任务描述

随着移动互联网的不断发展，移动应用市场将会成为营销的重要场地，小王想要使企业更具影响力，就必须布局移动应用端的优化。因此，小王搜集了大量信息。从 ASO 的基本概念入手，整理 ASO 的评估指标，探究 ASO 的核心要素，梳理具体的优化步骤。

任务实施

活动1　全面认识 ASO

步骤1：了解 ASO 的基本概念

小王通过资料学习掌握了 ASO 的概念，并对优化原则进行了梳理。

知识链接

ASO 是 App Store Optimization（应用商店优化）的简称，其目的是提高应用程序的排名和曝光率。排名越高，应用程序就越容易被用户发现，从而获得更多的下载。

根据谷歌的说法，ASO 是一种策略，旨在提高应用程序的排名，使其更容易被用户发现和使用。为了提高 ASO 的效果，开发者需要了解各种优化因素，如标题、描述、标签、关键词等。

ASO 优化的 6 个基本原则如下：

（1）关键词权重排序：应用名称 > 关键词 > 应用描述 > 应用内购买或描述。

（2）在应用名称和关键词的设置中，应避免使用相同的关键词。若应用名称与关键词重复，将造成字符的浪费。关键词应尽可能丰富，因为更多的关键词意味着更广泛的覆盖面，有助于提高搜索量和转化率。

（3）在 App 命名中，副标题的存在至关重要。App 名称通常由主标题和副标题两部分组成。副标题不仅能够对主标题进行优化，还能通过嵌入关键词来吸引更多的用户流量。特别值得注意的是，iOS11 版本中进一步提升了副标题的权重，这进一步凸显了副标题的重要性。因此，在应用命名过程中，务必确保包含副标题部分。

（4）在进行版本更新时，团队成员可轮流优化各个关键词。一旦发现核心关键词的排名有所提升，便可转向优化其他核心关键词。此过程，可参照前文所提及的关键词权重排序操作。

（5）在关键词列表中，关键词的排列顺序反映了其权重的相对大小，其中越靠前的关键词具有越高的权重。

（6）在 App 描述中，应确保开篇即点明主题，前三行的内容尤为关键。描述需简洁明了，确保核心关键词在 300 ~ 500 字篇幅内出现的频次适当，一般不超过 12 次。同时，可以考虑在描述中提供公司的联系方式，或引用用户好评、媒介推荐等，以增加应用的可信度和吸引力。

知 识 链 接

关键词权重是指关键词在整体评估中的相对重要性或影响力。对于商家而言，在挑选商品关键词时，需综合考量多个维度。关键词的恰当选择至关重要，因为它直接关系到商品在平台上的曝光率和点击率。具体来说，商家应优先选取那些与商品紧密相关、描述准确、针对性强的关键词，以优化商品在搜索引擎中的排名，提升自然搜索流量，进而促进商品销量的提升。因此，商家在运营过程中，应给予关键词选择足够的重视，以确保营销策略的有效性。

步骤 2：整理 ASO 的评估指标

小王通过查看应用商店发现，搜索结果除广告外，其他 App 的先后顺序与评分有很大关系，为了了解更多潜在因素，小王通过资料学习，对 App 排名的影响因素做了梳理。

1.App 评分

App 的评分机制主要依据用户的评论数量与打星情况。因此，定期且规律地激励用户发表评论至关重要。此外，针对用户在评论中提出的各类问题，应迅速做出回应，并采取相应的优化措施。

2.Meta 信息

与网站相同，App 的 Meta 信息（指描述数据的数据）对排名也有着一定影响，Meta 信息包括 App 的标题、描述、关键词，目标关键词在上述 Meta 信息中出现的频率越高、位置越靠前，对搜索排名越有利。

3. 下载量

用户下载量直接反映了用户对 App 的喜好程度以及 App 在市场上的受欢迎程度。因此，下载量的提升将有助于提高应用市场对 App 的评级。

4.App 截屏

App 截屏对提高转换率和下载量至关重要，用户对截屏素材的喜爱程度反映对 App 的喜爱程度，截屏包括 App 功能、App 界面设计等。

搜一搜

搜索影响 App 排名的其他因素，并加以说明，完善表 3-12。

表 3-12　影响 App 排名的其他因素

其他影响因素	说明

步骤 3：探究 ASO 的核心因素

1. 标题优化

标题优化是 App 优化的一部分。开发者通常会为 App 添加标题，以便用户更容易找到该 App。对于移动 App，使用标题时需要注意以下几点：

（1）标题中不应包含与 App 无关的内容。

（2）标题应尽可能简短。一个简短的标题将使用户更容易找到该 App。

（3）不要使用诸如"新""最好的""最佳"之类的词语。这些词语会使搜索结果变得模糊，因为它们没有明确说明该 App 的质量或功能。

（4）标题不应包含过于宽泛或具体的关键词。这些词汇可能会影响用户在搜索时寻找该 App 的可能性。

（5）不要使用诸如"超快""极速"之类的词语。

2. 描述优化

应用程序描述是应用程序的核心组成部分，因此它对于搜索排名至关重要。描述应该具有吸引力，但不要太过冗长和复杂。描述应该包含应用程序的主要特点、使用方法、目标受众、使用场景等，此外还应包括应用程序的主要功能。

另外，开发者应该在描述中尽可能多地提供关于应用的信息。如果不能提供更多信息，就不要将其添加到描述中。在优化描述时，还应注意以下内容：

（1）避免使用模糊的词语。使用正确的单词和短语来描述应用程序，避免使用"我想要""我喜欢"等模糊词语。

（2）避免使用过时或过于流行的词语。尽量使用最新的词语来描述应用程序，如果不知道如何将其添加到描述中，则可以尝试使用"移动版""安卓版"等词语。

3. 标签优化

对于移动应用的标签，要使用简单易懂的语言，这样可以使用户更容易理解应用程序。另外，避免使用与内容无关的标签。

在应用程序中，应避免过度添加与主题不相关的标签。尽管适度使用与主题相关的标签是可取的，但添加大量不相关的标签可能使用户感到困惑。为了确保用户体验和信息传递的有效性，建议仅选择与主题紧密相关的标签进行使用。

为了确保用户搜索体验的流畅与高效，不建议在应用程序中过度添加关键词。过多的关键词可能导致用户在搜索时得到冗余的结果，从而引发他们的困惑与不满。开发者应致力于为用户提供清晰、准确的搜索结果，因此，请谨慎选择并限制关键词的使用。

活动 2　梳理 ASO 实施步骤

在简单梳理清楚 ASO 的相关知识后，小王尝试梳理 ASO 的实施步骤，具体操作如下：

步骤 1：关键词获取

对于关键词的获取，小王通过互联网搜索到了相关工具，如图 3-39 所示，通过七麦数据平台，用户可以查看 iOS 端和安卓端的关键词指数排行榜、关键词覆盖榜、关键词指数对比等数据。

图 3-39　关键词获取工具

图 3-39 关键词获取工具（续）

知 识 链 接

　　关键词指数是一个衡量关键词在搜索中受欢迎程度的重要指标。它反映了用户对于某个关键词的搜索频率和关注度，从而帮助 App 开发者了解用户需求，制定更为精准的 ASO 策略。

　　关键词指数的高低直接决定了 App 在应用市场中的排名和曝光率，因此，关键词指数是应用优化的关键因素之一。在选择关键词时，企业需要结合自身的业务特点和用户需求，选择具有高指数且与自己业务相关的关键词进行优化。

　　关键词的获取可以按照品牌词、关联词、竞品词以及竞品关键词的顺序进行发掘。例如，搜索"拼多多"品牌关键词，会根据品牌词获取联想词，如图 3-40 所示，查看不同联想词的搜索指数，确定是否可以作为品牌词进行优化。

（a）

（b）

图 3-40 联想词搜索

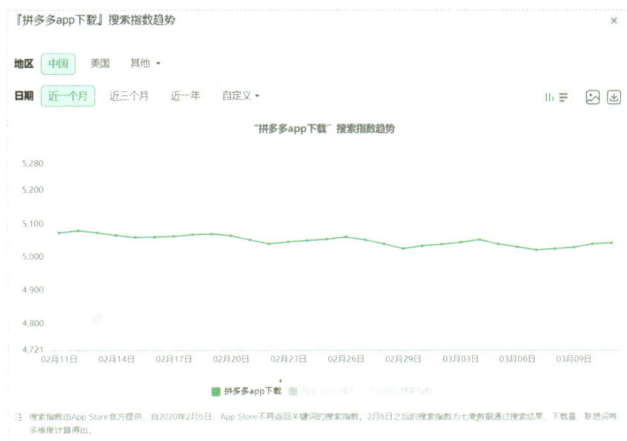

（c）

（a）搜索联想词；（b）预估搜索数；（c）搜索指数趋势。

图 3-40　联想词搜索（续）

关联词可以通过关键词扩展获得，如图 3-41 所示，平台会根据现有关键词，利用大数据分析获取更多具有关联性的关键词，相关度越高，选作关键词的效果越好。

图 3-41　关联词搜索

步骤 2：关键词选词

移动应用的关键词选词方式有两种，分别是榜单选词和竞品选词。榜单选词是指在热门搜索词中选择关键词，这些关键词的搜索指数较高且竞价的企业也相对较多，竞争较大；竞品选词是指竞争对手的品牌词，通过对竞争对手的品牌关键词进行竞价，从而获取流量。

（1）榜单选词。首先，进行 App 属性深入分析，以识别与产品高度相关的热门关键词。鉴于 App Store 属性分析的复杂性，采用此方法筛选热门词汇时，务必确保所选词汇与产品特性高度契合。例如，拼多多为购物分榜，根据这种方式筛选出"xianyu""1688""毒 app""拼多多ipad""转转""点淘""淘宝"等关键词，如图 3-42 所示。

图 3-42　榜单选词

（2）竞品选词。竞品选词的首要步骤是识别并分析自家产品的竞品。随后，深入剖析竞品在关键词优化方面的表现，特别是前十的关键词。在评估关键词的适用性时，需综合考量关键词的热度、与之相关的 App 数量及其质量以及百度移动指数等关键指标。通过这种方式筛选出的拼多多的竞品关键词"电商平台""电商运营""电商如何做"等。

步骤 3：关键词拓展

关键词拓展是通过苹果的检索规则，形成原本未添加的关键词，从而达到增加关键词覆盖数的目的，主要方式有两种：

（1）组词：在热词前后添加长尾词，可以帮助关键词增加覆盖数，降低优化难度，提升 App 整体权重。

（2）分词：将添加设置的关键词进行相应分离，如"电商平台"可以分成"电商"和"平台"等关键词。

动手小练

假设你要开发一款校园二手市场线上平台，请尝试使用百度移动指数确定出两个行业核心词。最后将结果呈现在表 3-13 中。

表 3-13　校园二手市场线上平台的行业核心词

序号	行业核心词

行 业 故 事

春秋航空股份有限公司是首家中国民营资本独资经营的低成本航空公司专线，也是首家以旅行社起家的航空公司。为了提升在移动端的推广效果，公司选择了从 iOS 端 App Store 的推广开始。

首先，企业提升了春秋航空 App 覆盖的关键词数量，以增加其在应用市场的曝光机会。关键词分为品牌词、业务词、关联词和竞品词，企业分别针对这些词进行了优化。其次，企业提升了这些关键词的搜索排名，特别是品牌词、核心词和关联词的排名。同时，企业也提升了在竞品词下的排名，以借助竞争对手的影响力吸引用户下载。最后，企业提升了 App 在总榜和分类榜单的排名，以增加自然流量和用户数量。企业采用了提高自然流量和靠大量的高热度高排名搜索词的两种方式来维持在应用市场的持续曝光和用户关注度。

通过这次推广，春秋航空 App 在关键词覆盖、搜索排名、榜单排名、品牌权重等方面都有了明显的提升，用户数量和订单数量也有了显著提升。希望这些推广思路能对大家的运营推广工作有所帮助。

【案例思考】

阅读本案例后思考：春秋航空分别通过什么方法完成了此次推广？ ASO 优化的关键点是什么？

任务回顾

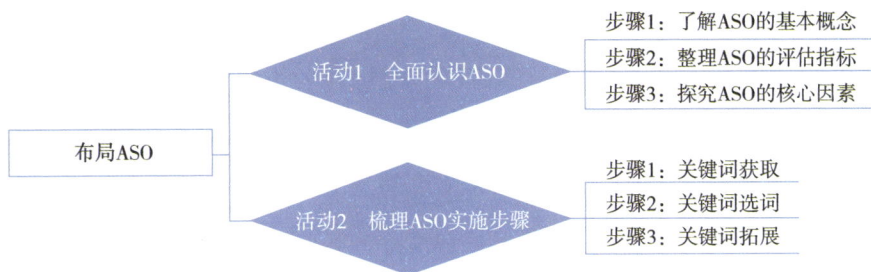

任务实训

ASO 实训——某建材行业 App 的优化

一、实训概述

本任务为 ASO 实训，通过该实训，学习如何提升 App 在 App Store 中的排名。

二、实训素材

（1）相关实训软件。

（2）智能手机实训设备。

三、实训内容

学生自由分组，并推选一名组长，由组长根据小组情况进行任务分工，最后以小组为单位针对实训背景进行实训操作。在实训中，教师指导并帮助学生完成实训内容。

四、实训背景

某传统企业为了更好地迎合市场，开发了一款针对建材行业的 App，该 App 不仅具备建材产品的在线展示和销售功能，还整合了行业资讯、技术交流和人才招聘等多元化服务，旨在为用户提供一站式的建材行业问题解决方案。

在开发过程中，该企业充分考虑了用户需求和市场趋势，通过深入的市场调研和分析，确定了 App 的功能设计和交互体验。同时，企业还积极引入了先进的技术手段和创新的思维理念，将 AI 技术、大数据分析等前沿科技应用于 App 的开发中，以提升用户体验和智能化水平。

经过多轮测试和优化，该 App 最终成功上线，并得到了用户的积极反馈和认可。为了有更好的展现量和下载量，公司需要对该款 App 进行 ASO 优化，请通过线上工具选择出该 App 合适的关键词进行优化。

五、实训任务

1. 搜索 ASO 关键词

学生在教师的指导下，通过百度移动指数、七麦数据网搜索关键词"建材"，获取相关度高、搜索指数大于 5 000 的词，并将结果填写至表 3-14 中。

表 3-14　搜索 ASO 关键词

搜索平台	关键词
百度移动指数	
七麦数据网	

2. 选择关键词

学生根据所学内容完成该 App 的选词任务，依次确定品牌词、关联词、竞品词以及竞品关键词，并将结果填写至表 3-15 中。

表 3-15　选择关键词

品牌词	
关联词	
竞品词	

3. 设置 Meta 信息

学生根据确定的关键词，尝试设置该款 App 的 Meta 信息，包括标题、描述、关键词，可参考图 3-43，并将结果填写至表 3-16 中。

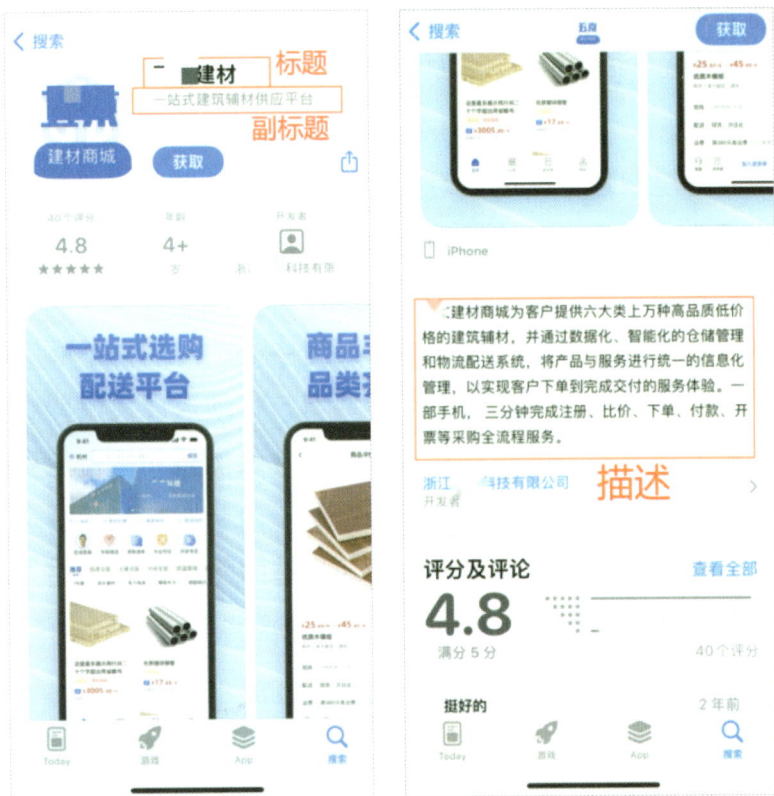

图 3-43　App Meta 信息

表 3-16　Meta 信息

标题	
副标题	
描述	
关键词	

素养课堂

党的二十大报告中强调了以人民为中心的发展思想，高度重视互联网，大力发展互联网，积极运用互联网，有效治理互联网。这一思想体现了我国政府对网络环境的深刻认识和坚持网络治理的坚定决心，旨在推动网络空间的健康、有序发展，保障人民群众的合法权益。

在当前的信息化时代，互联网已经成为人们获取信息、交流思想、表达意见的重要平台。然而，随着互联网的普及和信息的爆炸式增长，一些虚假宣传、网络暴力等问题也逐渐凸显出来。这些问题不仅影响了网络空间的秩序，也对人民群众的生活和工作造成了一定的困扰和损失。

因此，加强网络环境治理、营造清朗的网络空间，已经成为我国政府和社会各界的共同责任。二十大报告中强调的依法治网、内容整治、提升治理能力等措施，都是针对当前网络环境存在的突出问题而制定的有针对性解决方案。

在未来的发展中，我们需要继续坚持以人民为中心的思想，不断完善网络综合治理体系，加大网络执法处罚力度，依法查办大案要案，推动形成良好网络生态，同时也需要加强信息通信行业的自律和规范，充分发挥网络技术优势和平台汇聚优势，为营造清朗的网络空间、服务亿万民众做出新的更大贡献。

只有这样，我们才能构建一个健康、文明、和谐的网络环境，让人民群众在享受信息化带来便利和快乐的同时也能够感受到网络空间的温暖和正能量。

项目评价

基于学生在本任务中的学习、探究及实训情况，进行学生自评、学生互评与教师点评，完成表 3-17 的填写。

表 3-17　项目评价表

考核内容	评价		
	学生自评	学生互评	教师点评
是否能进行关键词分析与优化	□是 □否	□是 □否	□是 □否
是否能梳理关于网站内容页面、网站结构、网站链接、有效搜索营销等优化的具体内容	□是 □否	□是 □否	□是 □否
是否能清晰SEM的形式及付费方式	□是 □否	□是 □否	□是 □否
是否能梳理清楚SEM实施步骤，并对竞价关键词进行定价设置，根据产品进行创意文案的编写	□是 □否	□是 □否	□是 □否
是否能梳理清楚影响App排名的因素，通过工具完成关键词选词，对关键词进行拓展，并设置产品Meta信息	□是 □否	□是 □否	□是 □否

项目四 解锁社交媒体营销

项目概述

　　随着移动互联网的发展，社交媒体已成为现代生活中不可或缺的一部分。它允许人们轻松地分享信息、表达意见、建立联系并扩大社交圈。通过社交媒体，人们可以与全球各地的人们进行交流，了解不同文化和生活方式。随着社交媒体平台的不断发展和完善，社交媒体营销的应用也越来越广泛。通过社交媒体，企业可以与关注者建立起联系并产生持续的互动，通过发布产品信息、推广品牌、建立品牌形象、与消费者互动等方式，更好地推广自己的产品和服务。

　　本项目分别从解锁微信营销、解锁小红书营销、解锁今日头条营销三个方面展开讲解，使读者掌握社交媒体营销的关键知识点，深入了解社交媒体营销的理论基础，探索其本质特征，并通过分析具体的营销战略，掌握社交媒体营销的实战技巧，从而为将来在商业环境中应用社交媒体营销策略奠定坚实的基础。

项目预览

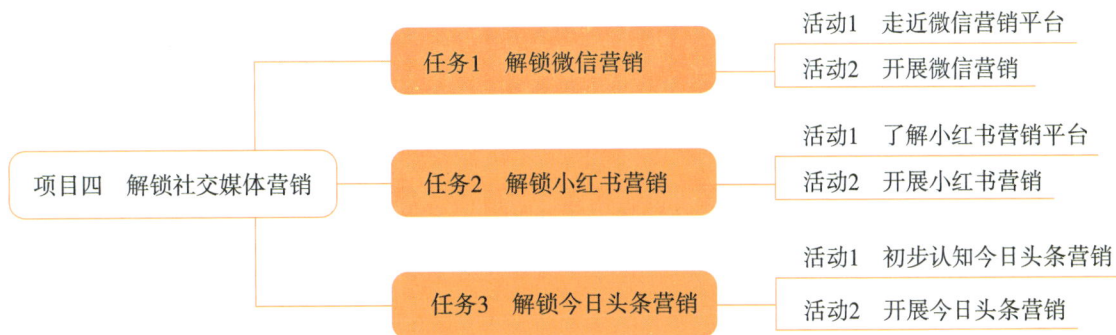

项目四 解锁社交媒体营销

任务1 解锁微信营销
　活动1 走近微信营销平台
　活动2 开展微信营销

任务2 解锁小红书营销
　活动1 了解小红书营销平台
　活动2 开展小红书营销

任务3 解锁今日头条营销
　活动1 初步认知今日头条营销
　活动2 开展今日头条营销

项目目标

知识目标

1. 理解微信营销的基本概念、方式和其在社交媒体营销中的重要性；

2. 掌握微信公众账号的注册、设置与基本操作方法；

3. 熟悉小红书平台特性、受众特点及其营销价值；

4. 理解并掌握今日头条平台的基本特性、用户群体及营销潜力；

5. 理解内容营销的基本概念及其在社交媒体营销中的应用。

能力目标

1. 能够独立注册并设置微信公众账号，并策划微信营销内容；

2. 能够注册并设置小红书账号，并根据小红书平台特性和受众特点，制定内容营销规划；

3. 能够注册并设置今日头条账号，并制订今日头条营销计划。

素养目标

1. 具备市场洞察和数据分析能力，能够准确把握社交媒体营销趋势和消费者需求，制定科学的营销策略，提高营销效果，为企业创造更大的商业价值；

2. 具备团队合作和沟通能力，能够与不同部门和团队紧密合作，共同推进社交媒体营销项目，有效沟通并解决问题，实现共同的目标和愿景。

引导案例

小红书：社交电商的黑马

随着互联网行业的蓬勃发展，越来越多的企业涌现，行业竞争异常激烈。然而，在这个激烈竞争的环境中，小红书却凭借其独特的产品定位和创新的策略脱颖而出，成为一匹备受瞩目的黑马。

小红书以时尚、美妆、生活等领域为核心定位，力求成为用户在这些领域中获取信息和灵感的首选平台。通过提供更精准和有价值的内容，满足了年轻用户对于时尚潮流、品质生活和个性化的需求。这种定位也使得小红书在这些领域中建立了较高的声誉和影响力，成为年轻人，尤其是年轻女性信赖的信息来源。

小红书与品牌商家和关键意见领袖（Key Opinion Leader, KOL）建立了紧密的合作伙伴关系。通过与众多品牌商家合作，小红书能够推广和销售各类商品。用户可以通过小红书直接购买心仪的商品，同时品牌商家也能够通过小红书进行产品推广和销售。这种合作模式使得小红书能够从多个渠道获得收入，并提升了用户对平台的购物信任。

用户在小红书上可以找到大量专业的美妆技巧、时尚搭配、生活小贴士等内容，这些内容不仅有助于用户的购物决策，还能够提升用户的生活品质和审美能力。同时，小红书的社区氛围也非常友好和积极，用户之间可以进行交流和分享，建立联系和友谊。

通过与品牌商家的合作，进行广告投放和产品推广。品牌商家可以选择在小红书上展示他们的产品和服务，吸引用户关注和购买。小红书通过提供品牌合作的机会，获得了广告收入，并通过品牌合作提升了平台的知名度和影响力。

小红书的社交功能使得用户之间可以进行交流和分享，建立联系和友谊。通过社交电商的模式，鼓励用户在社区中进行购物分享和推荐，从而增加购物转化率和用户黏性。同时，小红书也通过社区运营、活动策划等方式提高用户参与度和活跃度，进一步提升了平台的商业价值。凭借其独特的产品特点、用户体验和商业模式，小红书成功在互联网行业崛起，成为一匹黑马。

（资料来源：小红书官网）

【问题思考】

面对小红书这一社交电商的黑马，传统企业进军电商领域的策划者及执行者需要深入思考以下几个关键问题：

1. 小红书是如何成功的？对于电商品牌的推广有哪些启示？

2. 针对自身情况，思考如何利用小红书等社交电商平台制定网络营销策略？

任务1　解锁微信营销

🅑 任务描述

某中职学校拥有一家名为"青春工坊"的校办企业，其核心业务在于推广学生自主研发的创新产品。小李作为这所中职学校电子商务专业的一名学生，对网络营销抱有浓厚兴趣，并渴望将课堂上学到的理论知识付诸实践。为了提升自己的专业技能和实战经验，小李决定在学校的支持下，为"青春工坊"注册一个微信公众平台账号，并以此作为开展微信营销活动的阵地。为了更加高效地推进这一活动，小李需要对微信营销的实际运作情况进行深入的了解。

🅑 任务实施

活动1　走近微信营销平台

在进行微信营销活动之前，对微信营销形成基础的认知至关重要。小李可以通过多种方式对微信营销做出初步的了解与认知。

步骤1：了解微信营销的概念及方式

知识链接

微信支持跨通信运营商、跨操作系统平台通过网络快速发送免费（需消耗少量网络流量）语音、视频、图片和文字，同时，也可以使用通过流媒体共享内容的资料和基于位置的"摇一摇""朋友圈""公众平台""语音记事本"等服务插件。

小李通过实际操作微信的各项功能，对微信营销的相关知识有了更为深入的了解。

微信营销是指企业通过微信平台进行的一系列市场营销活动。鉴于微信用户群体日益庞大，微信营销已成为企业推广产品或服务的重要方式之一。

通过深入研究，小李了解到微信营销的形式多种多样，以下是几种常见的方式：

1. 微信公众号

企业或个人注册微信公众号后，可以定期发布图文、视频、音频等内容，通过微信推送机制，将内容发送给订阅了该公众号的用户。此外，公众号还可以设置自动回复、关键词回复等功能，实现与用户的互动。

2. 微信朋友圈

微信朋友圈营销是利用微信平台，发布与品牌或产品相关内容的一种微信营销方式，通过点赞、评论，用户之间可以进行实时互动，增加品牌与用户的黏性。

3. 微信小程序

微信小程序是一种无须下载安装即可使用的应用程序，企业可以开发自己的小程序，并在微信内通过"附近的小程序""关联小程序"等方式展示给用户。小程序可以实现商品展示、在线购买、会员管理等功能。同时，小程序可以与公众号、微信支付等功能无缝对接，形成完整的营销闭环。

4. 微信支付

微信支付不仅是一个支付工具，还为企业提供了丰富的营销手段。例如，通过发放优惠券、红包、开展满减活动等，鼓励用户使用微信支付进行消费。

5. 微信广告

微信广告是通过微信官方广告投放平台，向目标用户展示品牌或产品信息的营销方式，包括朋友圈广告、公众号广告、小程序广告等。广告主可以根据营销目标和预算选择最适合的广告形式。

6. 微信社群营销

企业通过建立微信群或加入相关社群，与用户进行实时互动，分享产品信息、优惠活动等内容，引导用户参与讨论和分享。

除此之外，微信的互动功能，如"漂流瓶""大转盘"等，可以吸引用户参与和分享。通过有趣的活动和奖励，增加用户黏性促进口碑传播。

不同方式适用于不同的场景和目标受众，企业可以根据自身情况和营销需求选择合适的方式进行操作。

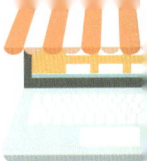

步骤 2：注册并设置微信公众账号

小李明白，要在微信营销领域取得成功，单纯了解微信公众号的存在是远远不够的。他深知，要有效地利用这个强大的社交平台，就必须深入了解其注册和设置的每一个细节。

经过细致的探索，小李总结出微信公众号的注册步骤如下：

（1）在浏览器中输入"微信公众平台"进行搜索，或直接访问其官方网址 https：// mp.weixin.qq.com，如图 4-1 所示。

图 4-1　微信公众号官网

（2）在网站首页，单击"立即注册"按钮，开始注册流程。

（3）选择账号类型，平台提供的类型有服务号、订阅号、小程序和企业微信四种，如图 4-2 所示。

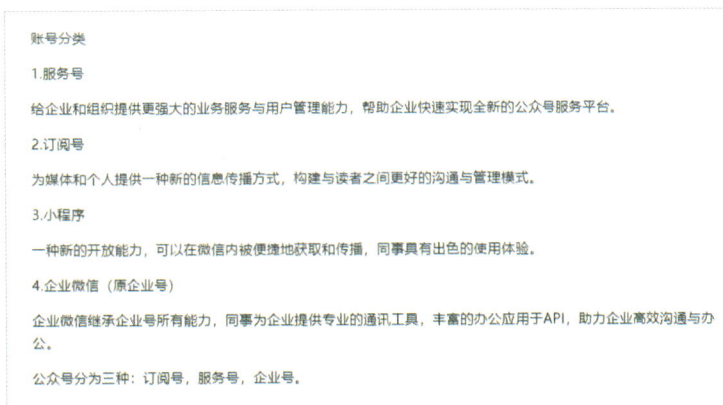

图 4-2　账号类型

知识链接

微信公众号主要分为三种类型：服务号、订阅号和企业号，它们各自的特点和适用场景如下：

（1）服务号：服务号主要面向企业，以服务功能型为主。它拥有强大的功能，但不需要过多推送内容。服务号主要用于提供服务和用户管理，帮助企业建立全新的公众号服务平台。例如，银行、航空公司、电商等常常会使用服务号来提供查询、预约、购买等服务。服务号每月只能群发 4 次消息。

（2）订阅号：订阅号主要用于推广，更适合媒体、自媒体、公司进行市场营销、品牌宣传等。它为媒体和个人提供了一种新的信息传播方式，可以构建与读者之间更好的沟通和管理模式。订阅号每天可以群发一次消息。

（3）企业号：企业号主要是微信为企业客户提供的移动应用入口，可以简化管理流程，提升组织协同动作效率。它帮助企业建立员工、上下游供应链与企业 IT 系统间的连接。企业号适用于企业、政府、事业单位或其他组织。

（4）进入注册信息填写页面，需要准备一个有效的邮箱地址，并设置一个密码，同时填写验证码，如图 4-3 所示。在这里需要确保提供的邮箱是未被其他公众号使用过的。

（5）提交注册信息后，微信平台将向填写的邮箱发送一封验证邮件。登录邮箱，并单击邮件中的链接，完成验证过程，如图 4-4 所示。

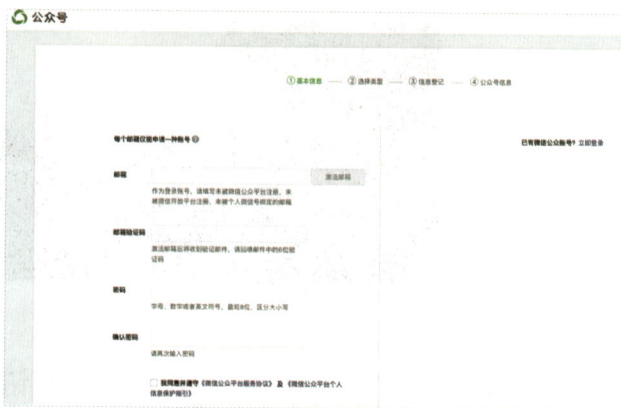

图 4-3　微信公众号注册信息填写页面

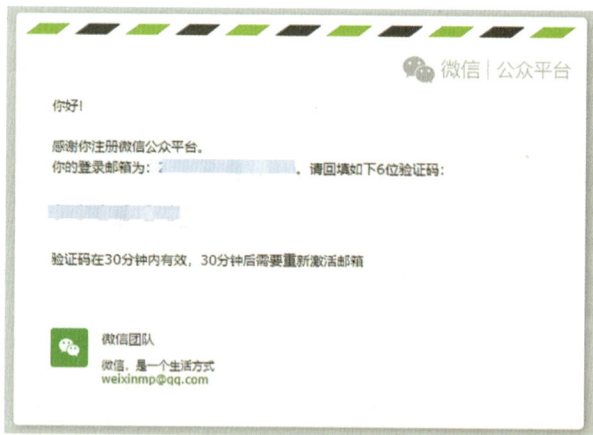

图 4-4　微信公号验证邮件

注册完成后，小李接下来要进行公众账号设置，如图 4-5 所示。他需要上传符合规范的头像，设计一个吸引用户的简介和签名，并设定自动回复和菜单栏等。这些设置都是为了给用户留下良好的第一印象，并引导他们更好地与账号互动。

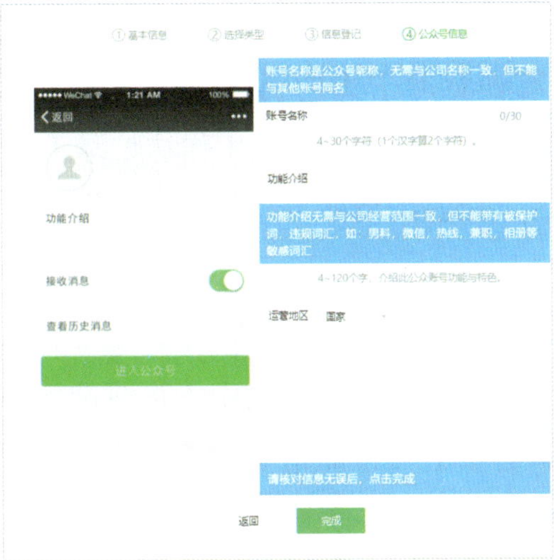

图4-5　微信公众号设置

提交所有信息后，微信平台将对申请的公众号进行审核，审核过程可能需要一些时间。如果信息填写正确，将很快收到审核通过的通知，并可以开始使用注册的微信公众号。

通过以上步骤的操作，小李即能完成微信公众号的注册。但是公众账号的设置并不是一成不变的。随着营销策略的调整和用户需求的变化，他需要不断地优化和更新账号。例如，他可能需要调整自动回复的内容，添加新的菜单栏选项，或者发布更符合用户需求的文章和活动。同时，持续学习微信营销的趋势和策略，掌握更多的微信营销技巧和方法。只有这样，才能在激烈的竞争中脱颖而出，实现营销目标。

活动 2　开展微信营销

在了解微信营销相关的基础知识之后，小李决心将所学的技能运用到实践中，于是他决定利用微信公众号进行线上营销推广。

步骤1：策划营销内容

微信营销内容的形式有很多种，小李选择利用微信图文的形式进行公众号营销。微信图文消息能够直观地展示产品和服务。通过精心设计的图片和简洁明了的文字描述，可以向用户展示产品或服务的独特之处和优势，微信营销内容的策划具体分为以下几个方面。

1.策划营销活动主题

小李根据市场调研发现"青春工坊"面向的群体主要是在校大学生以及有创业意向和需求的年轻创业者等。经过讨论，他拟定此次的营销主题为"探索·创新·实践——青春工坊，我们的故事从这里开始"。

2. 封面设计

小李计划设计一张具有视觉冲击力的封面，以"青春工坊"为主视觉元素，配以学生团队在实验室或工作坊忙碌工作的场景，展现他们的年轻活力和创新精神。经过团队协作，设计好的封面如图4-6所示。

图4-6 "青春工坊"封面

3. 文案编辑及图文排版

文案编辑及图文排版是微信营销内容策划中不可或缺的环节。优秀的文案编辑能力能够确保内容准确、清晰、有吸引力，而精美的图文排版则将文字、图片和其他视觉元素巧妙地组合在一起，形成一个和谐、美观的整体，进一步提升内容的可读性和视觉效果，完善受众的阅读体验。

小李策划的内容如表4-1所示。

表4-1 微信营销内容策划

标题	探索·创新·实践——青春工坊，我们的故事从这里开始
正文	亲爱的读者们，欢迎来到青春工坊，一个承载梦想、激发创新、践行理想的独特空间。在这里，我们相信每一位青年都是一颗熠熠生辉的星，等待着在探索与实践中找到属于自己的光芒。 "探索"是我们打开世界的第一步，无论是学术领域的深度挖掘，还是生活点滴的新鲜尝试，每一次勇敢向前都是对未知的挑战，也是对自我潜力的唤醒。在青春工坊，我们将分享前沿科技资讯、精彩人文社科动态，鼓励大家以无畏的精神，去触及知识的边界，去揭示生活的多元可能。 "创新"是青春的灵魂，它孕育于每个独立思考的瞬间，铸就在每一个改变现状的决心之中。青春工坊为你搭建起思维碰撞的平台，邀请你参与各类创新创业项目，分享你的奇思妙想，让我们共同见证一个个创新火花照亮现实的道路。 "实践"则是我们书写人生篇章的笔墨，唯有亲身经历，方能丰满生命的色彩。不论是技能培训、社会实践活动，还是公益服务、创业实战，青春工坊将与你携手走出课堂，走进真实的世界，用行动的力量描绘未来蓝图。 在这里，青春工坊不仅是我们故事的起点，更是你个人成长、梦想启航的地方。我们期待你的加入，让我们的故事交织在一起，共同编织出一部关于勇气、智慧与坚韧的成长诗篇
结尾	朋友们，让我们在青春工坊携手共进，不畏艰难，勇于挑战，以探索为帆，创新为桨，实践为路，一同驶向充满无限可能的未来。现在，就让我们的故事，从这里，正式开始……快来关注并参与到青春工坊的各项活动中来，你的每一步都将被看见，每一分努力都将被铭记！青春工坊，期待你的加入！
引用话题	#探索创新实践# #青春工坊# #我们的故事从这里开始#

步骤 2：发布营销内容

1. 登录微信公众平台

首先，小李使用微信公众号账号和密码登录微信公众平台，如图 4-7 所示。

图 4-7 微信公众平台登录界面

2. 创建并编辑文章

登录后，可以在页面上看到"新的创作"模块包含"图文消息""选择已有图文""图片/文字""视频消息""转载""音频消息""直播"等选项，如图 4-8 所示。在这里，小李单击"图文消息"按钮，进入图文编辑页面。

图 4-8 创建并编辑文章

3. 编辑推文

在图文编辑页面，可以看到一个类似 Word 的编辑器，这里可以进行文章内容的编辑，如图 4-9 所示。在编辑器中，可以添加图片、文字、链接、视频等内容，为文章增加更多的信息和展示形式。文章编辑完成后，需要进行排版调整，可以通过单击工具栏上的"加粗""倾斜""居中"等按钮来进行格式设置。此外，在文章底部还可以添加"阅读原文"和"相关阅读"等选项，提供更多的阅读资源和文章引导。

图 4-9 编辑推文

4. 完善相关设置

图文编辑页面的下方有一些设置项，需要进行一些设置，包含"封面和摘要""原创声明""赞赏""文章设置"等，如图 4-10 所示。小李根据需要进行了相关设置。

图 4-10　相关设置

5. 预览推文并调整

当推文编辑完成后，可以进行预览操作，通过单击页面下方的"预览"按钮，如图 4-11 所示。可以查看文章在手机上的显示效果。通过预览可以看到文章的排版、图片、链接等情况，以便及时调整推文中的问题。

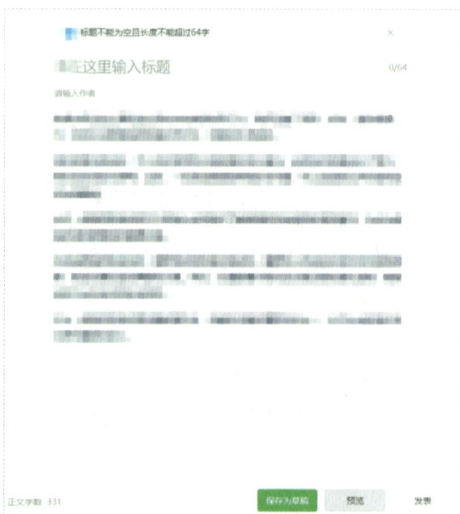

图 4-11　预览推文并调整

6. 发布与推送

完成预览并确认无误后，单击"保存为草稿"按钮保存内容，然后进入文章管理界面，单击"发表"按钮，将文章发布到微信公众号。发布后，可以再次进行预览，确保发布信息的准确性。

步骤 3：评估微信营销效果

在完成微信营销活动后，需要对营销效果进行评估，通过评估，能够识别出营销策略中的优势和不足，从而根据反馈调整策略，使之更加符合目标受众的需求和喜好，进而对营销活动有更清晰的认知。

微信营销效果评估是一个多方面的过程，需要综合考量多个指标和数据。以下是一些常用的评估方法：

（1）粉丝数分析。通过分析微信公众号和朋友圈的粉丝数，可以了解关注者的数量变化，从而评估微信营销活动的吸引力。同时，分析粉丝的来源、增长率、流失率等指标，可以明确吸引用户关注的方式和提高粉丝黏性的措施。

（2）互动率评估。互动率是指在所发布的内容下，用户产生点赞、评论、分享等反应的比率。通过评估互动率，可以了解用户对微信营销内容是否感兴趣及用户的参与度，以及营销活动的效果。互动率的提高可以说明企业存活度、用户黏性以及转化率等有所提高。

（3）转化率评估。转化率是指通过微信营销手段，将用户转化为潜在客户、销售客户等的比例。可以通过多种方式进行营销转化率的优化，包括活动促销、微信小程序销售等。评估转化率可以了解微信营销对销售业绩的贡献，以及潜在客户的转化情况。

（4）销售业绩指标评估。评估微信营销对销售业绩的贡献，如通过微信平台实现的销售额及占总销售额的比例。销售业绩指标可以直接反映微信营销的经济效益。

（5）活动参与率评估。评估微信营销活动中粉丝的参与程度，如线上投票、优惠券领取、抽奖活动等。活动参与率体现了粉丝对微信营销活动的感兴趣程度和参与度，可以了解活动的吸引力。

（6）图文转化率评估。评估图文消息的阅读量和转发量，以及粉丝对图文内容的反馈。图文转化率反映了微信营销内容的影响力，可以了解用户对图文内容的接受程度和兴趣。

（7）微信客服评估。评估微信客服的服务质量，包括回复速度、问题解决率、用户满意度等。优质的客服服务有助于提高粉丝的忠诚度和口碑传播效率，从而增加用户黏性，提高转化率。

通过对这些指标的分析和评估，可以全面了解微信营销的效果，从而优化营销策略、提高营销效果。

动手小练

千乐咖啡是一个以"快乐、轻松、简单"体验为文化的全新咖啡品牌。为了扩大销量，实现精准营销，该品牌计划将在微信进行推广，假设你是该品牌微信营销的负责人，请你为该品牌指定合适的微信营销方案，最后将结果呈现在表4-2中。

表 4-2　千乐咖啡微信营销方案

千乐咖啡微信营销方案

行业故事

艺集是一个音乐平台，刚开始成立时，他们在微信公众号上只有300名粉丝，但他们的订阅量却在一年内增长了9倍。在这段时间里，艺集专注于提高自己的公众号影响力，首先，他们定期发布高质量的音乐资讯以及创意贴图来吸引用户关注，而后通过在其他社交媒体平台上推广自己的帖子，使得更多的人关注艺集的微信公众号。其次，他们与其他公众号或行业KOL进行内容合作或者互相推荐，扩大品牌影响力。参与或组织线上、线下活动，通过活动为公众号引流。凭借其精准的内容定位及营销技巧，艺集不仅赢得了大量用户的喜爱，也极大提高了品牌知名度与影响力。

【案例思考】

阅读本案例后思考：微信公众号营销的技巧有哪些？

任务回顾

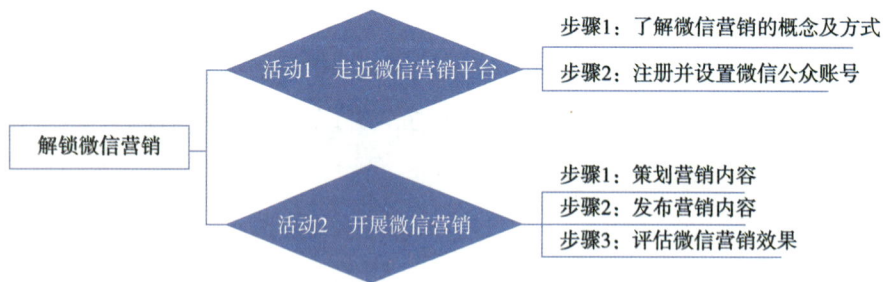

任务实训

微信营销实训——广西螺蛳粉的微信营销

一、实训概述

本任务实训为微信营销实训，学生通过该实训，不仅可以将理论知识应用到实践中，还能通过具体的微信营销活动，学习如何提升广西特色产品的市场知名度和销量，同时为当地农业发展和文化传承做出贡献。

二、实训素材

（1）相关实训软件。

（2）智能手机实训设备。

三、实训内容

学生自由分组，并推选一名组长，由组长根据小组情况进行任务分工，最后以小组为单位针对实训背景进行实训操作。在实训中，教师指导并帮助学生完成实训内容。

四、实训背景

广西螺蛳粉（见图4-12）是广西壮族自治区柳州市的特色小吃之一，主要原料包括螺蛳、米粉和各种调料，口感鲜美，香辣可口。它不仅是广西地区的特色小吃，更是当地文化的一种象征。在广西的大街小巷，螺蛳粉店随处可见，螺蛳粉成为当地人日常生活中不可或缺的一部分。

随着人们生活水平的提高和口味的多样化，螺蛳粉的市场需求也在不断增加。尤其是在年轻人群体中，螺蛳粉因其独特的口味和快捷的食用方式，成为他们钟爱的美食之一。此外，螺蛳粉还具有一定的营养价值，富含蛋白质、碳水化合物和多种维生素，这也让它受到了越来越多注重健康饮食的消费者的青睐。

螺蛳粉作为广西的特色美食，不仅在当地广受欢迎，也逐渐成为全国乃至全世界的美食之一，近年来在国内外市场上都展现出了巨大的潜力和魅力。

为了更好地满足市场需求，广西的螺蛳粉产业也在不断创新和发展。一方面，通过引进先进的生产技术和设备，提高螺蛳粉的生产效率和品质稳定性；另一方面，结合现代营销手段，加强品牌建设和市场推广，提升螺蛳粉在国内外市场上的知名度和竞争力。

在这一背景之下，学生可以选择以相关营销人员的身份，从微信营销的角度出发，利用所学的理论和技能，为广西螺蛳粉设计微信营销活动，帮助广西螺蛳粉占领更大的市场份额，提高销量。

图4-12　广西螺蛳粉

五、实训任务

1.制定微信营销方案

学生在教师的指导下，通过广西地区相关论坛、淘宝网等渠道搜集资料，了解广西

螺蛳粉在微信平台的营销开展情况，包括网络营销目的、营销方式、营销内容、目标人群定位、产品特色等，并完成表4-3的填写。

表4-3　制定微信营销方案

微信营销目的	
微信营销方式	
微信营销内容	
目标人群定位	
产品特色	

2. 确定微信营销的方式

学生根据所制定的微信营销方案，确定两个合理的营销方式，简单说明选择该方式的理由，最后完成表4-4的填写。

表4-4　确定微信营销方式

选择的营销方式	理由

3. 实施微信营销活动

学生根据所确定的微信营销方式模拟实施，在小组或者班级内实施微信营销活动，并完成表4-5的填写。

表4-5　实施微信营销活动

实施阶段	实施方式	实施细则
初期		
后期		
总结微信营销的步骤		

任务2 解锁小红书营销

任务描述

某中职学校举办了一场"千乐咖啡校园创业大赛"，要求参赛团队通过小红书进行品牌推广，团队成员需模拟真实的市场营销情境，从前期的品牌定位分析、用户画像描绘开始，逐步设计出一套完整的小红书营销策略和执行计划。

小李作为团队的队长拟通过本任务了解小红书营销的相关知识，为此他制订了一个任务实施计划，准备从两个方面实施，分别是了解小红书和开展小红书营销。

任务实施

活动1 了解小红书

在制定营销策略之前，小李需要先了解小红书。针对小红书的特点和受众，才能制定符合其特点的营销策略。

步骤1：了解小红书特点与受众

小李需要了解小红书的用户画像，包括性别、年龄、地域、职业等基本信息，以及用户的兴趣点和关注点。这些信息可以帮助小李的团队确定目标受众，并为他们量身定制符合用户兴趣和需求的内容。

小李通过查询千瓜数据分析报告，如图4-13、图4-14所示，发现小红书用户具有一些明显的特征，这些特征在性别、年龄和地域分布上都有所体现。

图4-13 小红书用户性别、年龄分布

地区	广东	上海	北京	浙江	江苏	四川	山东	福建	湖北	河南
占比	18.2%	10.0%	8.5%	8.4%	6.9%	5.1%	4.6%	3.8%	3.3%	3.2%

图4-14 小红书用户地域分布

1. 性别特征

小红书的女性用户占据了绝对的主导地位，占比超过 80%，而男性用户则相对较少，仅占约 11.20%。这显示了小红书在内容和消费上更偏向于女性用户。

2. 年龄分布

从年龄分布来看，大约 70% 的用户年龄在 30 岁以下，这表明小红书的用户主要是年轻、具有活力的消费人群。

3. 地域分布

从地域分布来看，小红书的用户主要集中在一线和二线城市，占比达到 40.94%。这些城市的用户通常具有较强的经济实力和追求时尚潮流的意愿，愿意为更好的自己付出更多的经济成本。此外，小红书的使用人群前五大区域分别是广东、上海、北京、浙江和江苏，这些地区的用户体量已经达到了小红书整个平台的 60%。

因此小李得出结论，小红书的用户群体主要是年轻、有活力、追求时尚潮流的女性用户，主要集中在发达的一线和二线城市。这种用户群体特征使得小红书在美妆、时尚、美食等领域的内容创作和消费上具有较大的优势，并已经拓展到科技数码、搞笑、游戏、音乐、影视、健身等多个领域。

知识链接

用户画像是根据用户的属性、偏好、生活习惯、行为等信息而抽象出来的标签化用户模型。简言之，它是给用户打标签，而标签是通过对用户信息分析得出的高度精练的特征标识。利用一些高度概括、容易理解的特征来描述用户，不仅方便理解用户，还有助于计算机处理用户数据。

以用户画像为基础，可以挖掘用户对产品的需求，发现最有价值的客户，从而优化产品设计和服务。在进行用户画像时，需要注意确保用户信息的准确性，避免标签过于广泛化，要针对不同类型进行细分，同时核心用户标签要与其他次要用户标签区分，进行优先顺序排列。此外，随着企业业务的发展，用户画像也需要不断迭代更新，以适应市场的变化和用户需求的变化。

步骤 2：注册小红书账号

为了进一步开展小红书营销，小李决定以咖啡体验官的身份注册一个小红书账号。以下是小李的详细操作步骤：

1. 下载并安装小红书 App

首先，在手机应用商店中搜索"小红书"并下载安装，如图 4-15 所示。小红书支持 iOS 和安卓系统，所以无论小李使用的是哪种手机，都可以顺利下载并安装。

图 4-15　在应用市场搜索"小红书"

2. 打开小红书 App 并选择注册方式

安装完成后，打开小红书 App，在应用的初始界面，会看到注册或登录的界面，如图 4-16 所示。由于小李是新用户，因此他需要先注册新账号。小红书提供了手机号码注册和微信注册两种方式。小李已经有绑定的微信号，并且希望使用微信登录，所以选择微信注册。

3. 填写个人信息

根据选择的注册方式，小李需要填写相应的个人信息。如果选择手机号码注册，需要输入手机号码，并根据提示完成验证码验证。如果选择微信注册，需要确认使用微信授权进行登录，并按照指引完成相关操作。此外，小李还需要设定一个名字，如图 4-17 所示，这个名字将作为小红书的用户名，小李选择设定一个与咖啡体验相关的独特 ID。

图 4-16　小红书注册界面　　　　图 4-17　填写小红书个人信息

步骤 2.4：设置密码

在填写完个人信息后，小李需要设置一个密码。这个密码将用于保护账号安全，所以小李需要选择一个既安全又好记的密码。

步骤 3：完善个人资料

成功创建账号后，小红书会要求小李完善个人资料，如图 4-18 所示。小李可以填写一些与咖啡体验相关的信息，如最喜欢的咖啡类型、常去的咖啡店等，这些信息将有助于小红书为小李推荐更适合的咖啡内容。

图 4-18　小红书个人资料完善

完成所有登录步骤后，小李就可以开始使用小红书了。小李可以浏览和搜索其他用户分享的咖啡体验内容，也可以自己发布咖啡体验笔记，分享自己的咖啡发现和感受。同时，小李还可以关注其他咖啡爱好者或者咖啡店，与他们互动交流，共同探索咖啡的美妙世界。

活动 2　开展小红书营销

小李深知在小红书这个充满活力和创意的社交平台上，只有精心打造个人形象和创作独特内容才能吸引更多用户的关注。因此，他注册好账号并设置了详尽的个人资料后，便满怀信心地开始了他的营销之旅。

步骤 1：制订内容营销规划

在开展小红书营销之前，首先要制订好营销的内容规划，小红书的内容形式丰富多样，主要包括以下几种：

（1）笔记：这是小红书最为核心的内容形式，包括文字、图片、音频、视频等多种形式。用户可以通过发布笔记来分享生活体验、心得感悟、产品推荐等内容。

（2）直播／短视频：小红书也提供了直播和短视频功能，让用户可以通过实时互动的形式与粉丝进行交流，分享见解、体验或产品介绍等内容。

（3）问答：用户可以在小红书上提问，其他用户可以回答或评论，形成互动式的问答社区。

（4）商品分享：小红书支持用户在平台上分享和推荐商品，包括商品介绍、使用体验、购买链接等，方便用户进行消费决策。

此外，小红书还推出了丰富多样的话题，用户可以根据自己的兴趣选择参与，发布相关的笔记和评论，与其他用户共同讨论话题内容。

小李通过分析同行业和同类产品在小红书上的表现，研究竞品的内容策略、互动模式和成功案例，决定在小红书上以图文的形式发布咖啡测评的话题，以此吸引目标用户的关注，提升自己在咖啡领域的专业形象。

步骤2：内容创作与发布

1. 撰写高质量文案

在小红书上，用户更喜欢阅读简洁、有趣、有深度的文案。因此，小李需要用心撰写文案，注重文字的表达力和感染力。同时，可以适当添加一些个人见解和心得，增加内容的独特性。小王和团队撰写的标题和内容如下：

咖啡测评：探索咖啡的奥秘

在这个繁忙的现代社会，咖啡已经成为许多人日常生活中不可或缺的一部分。无论你是职场精英、学生还是咖啡爱好者，对咖啡的品质和口感都有一定要求。今天，我们将带您走进咖啡的殿堂，为您带来一次全新的咖啡测评体验。

2. 添加高质量图片

除了文案外，图片也是小红书内容的重要组成部分。有设计感的图片能够抓住用户的眼球，同时提升整体观感。小李和团队成员们精心策划，设计出了一个关于咖啡豆测评的海报，如图4-19所示。

3. 发布并优化内容

完成内容创作后，需要选择一个合适的时间发布。

首先，打开小红书App并登录账号。单击首页下方的"+"图标，打开一个新的笔记编辑页面，如图4-20所示。

在笔记编辑页面中，选择你想要发布的照片，单击"下一步"按钮，然后编辑笔记的标题和文字内容。最后，单击页面右下发的"发布笔记"按钮，图文笔记就成功发布了。

图4-19　咖啡测评海报

图4-20　小红书图文笔记发布页面

步骤3：评估营销效果

在完成内容创作与发布之后，小王还需要评估活动的营销效果，以不断优化。

1. 查看图文数据报告

打开小红书，在下方菜单栏中点击"我"按钮进入个人中心页面。在个人中心页面，点击左上角的"≡"图标，进入功能界面。在功能界面中，找到并单击"数据中心"按钮。进入数据中心后，将能够看到与创作相关的数据，如图4-21所示。

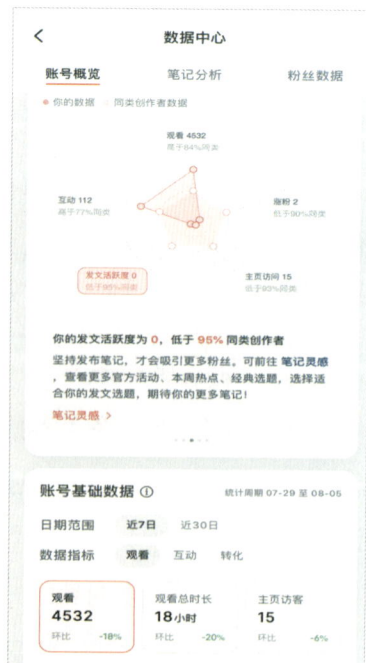

图4-21　小红书数据中心

2. 了解评估指标

曝光量：指小红书特定内容被用户看到的次数。这个内容可以是一篇文章、一张图片、一个视频等。曝光量是衡量内容在小红书社区中影响力和传播程度的重要指标。

互动量：包括点赞、收藏、评论等。互动量越高，说明内容越受欢迎，越能引发用户的兴趣和参与。

转化率：这是最关键的一个指标。它表示的是从看到内容到产生实际购买行为或进一步行动的用户比例。

用户反馈：用户的评论和反馈可以直观地反映营销效果。正面的反馈说明营销策略得当，反之则需要调整。

任务回顾

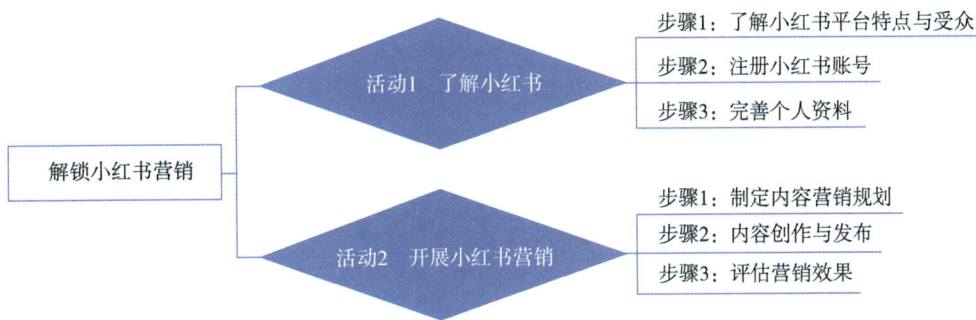

```
                          ┌─ 步骤1：了解小红书平台特点与受众
            活动1  了解小红书 ├─ 步骤2：注册小红书账号
                          └─ 步骤3：完善个人资料
解锁小红书营销
                          ┌─ 步骤1：制定内容营销规划
            活动2  开展小红书营销 ├─ 步骤2：内容创作与发布
                          └─ 步骤3：评估营销效果
```

任务实训

小红书营销实训——广西特色农产品的小红书营销

一、实训概述

本任务实训为小红书营销实训，学生通过该实训，不仅可以将理论知识应用到实践中，还能通过具体的小红书营销行动，学习如何提升广西特色产品的市场知名度和销量，同时为当地农业发展和文化传承做出贡献。

二、实训素材

（1）相关实训软件。

（2）智能手机实训设备。

三、实训内容

学生自由分组，并推选一名组长，由组长根据小组情况进行任务分工，最后以小组为单位针对实训背景进行实训操作。在实训中，教师指导并帮助学生完成实训内容。

四、实训背景

以广西特色的农产品（如百香果、螺蛳粉、六堡茶、沙田柚等）为实际商品，深入了解这些农产品的特点、产地故事、营养价值以及文化内涵，并结合小红书的用户特性和内容形式，开展一次有针对性的线上营销活动，旨在提升广西特色农产品的品牌知名度和市场影响力。

五、实训任务

1. 制定内容营销策划

学生团队选定一种广西特色农产品作为推广对象，深度调研该农产品的历史沿革、种植环境、生产工艺及品质优势。创作系列小红书笔记，并将策划好的内容填写到表4-6中。

表4-6　小红书内容营销策划

推广产品名称	
产品特征及优势	
内容策划形式	

2. 设计图文内容

为选择的产品设计一系列富有创意的小红书笔记，为农产品制作故事化的介绍，通过生动的图片和视频展示其生长环境、采收过程、加工工艺等背后的故事，并将设计的海报和文案提交给老师。

3. 与 KOL/KOC（Key Opinion Customer，关键意见消费者）合作并发起话题

寻找并联系广西本土有一定影响力的美食类、生活类博主，寻求内容合作或记录产品试吃体验，通过他们的推荐扩大农产品的传播范围，并在小红书上发起与农产品相关的互动话题，比如"我在广西尝到的美味""广西特产大发现"，鼓励用户参与分享与农产品相关的故事和照片。

4. 评估营销效果

使用小红书的数据分析工具跟踪观察每篇笔记的阅读量、点赞数、收藏数、评论情况等指标，评估内容营销效果。根据数据反馈不断优化内容策略，如调整发布时间、文案风格、配图方式等，以达到最佳的用户触达与转化效果。

任务3　解锁今日头条营销

任务描述

某中职学校商务营销专业的同学们接到一项实训任务，即为本地一家名为"乡土印象"的特色农产品品牌，在今日头条平台上策划并执行一场线上推广活动，帮助该品牌提升知名度，扩大市场份额，并助力当地乡村经济发展。

接到实训任务后，商务营销专业的小李立刻行动起来，开始了紧锣密鼓的策划工作。他将通过本任务了解今日头条营销的相关知识，为此他制订了一个任务实施计划，准备从两个方面实施，分别是初步认知今日头条营销和解锁今日头条营销策略。

任务实施

活动1　初步认知今日头条营销

在开展今日头条营销活动之前，首先需要对今日头条营销形成全面的认知。王同学可以通过多种方式对今日头条营销做出初步的了解与认知。

步骤1：了解今日头条平台特性

小李可以通过多种方法来理解今日头条平台的特性，比如在线学习资源、在线论坛和社交媒体、网络研讨会和线上培训、实际案例分析、专业书籍等。通过这些方式，小李可以初步了解今日头条平台的特性。

知识链接

2011年，字节跳动公司成立，推出了今日头条这款新闻聚合应用。一开始，今日头条只是一个简单的新闻阅读器，用户可以根据自己的兴趣选择关注的领域，系统会推荐相应的新闻内容。随着用户数量的增加和技术的不断进步，今日头条逐渐发展成为一个综合性的信息平台，不仅提供新闻资讯，还拥有短视频、图片、问答等多个板块，满足了用户多样化的信息需求。同时，今日头条也不断优化算法，提高个性化推荐的准确率，使用户能够更快地获取自己感兴趣的内容。总之，今日头条的发展经历了从简单到复杂、从单一到多元的过程，成了一个集新闻资讯、自媒体、社交互动等多种功能于一身的综合性信息平台。

1. 用户群体

今日头条的用户群体广泛而多元，涵盖了不同年龄层、职业背景和兴趣爱好的人群。作为一款以新闻资讯为核心的内容聚合平台，今日头条通过智能推荐算法，为每位用户提供个性化的内容服务，满足不同用户的需求和兴趣。

从年龄层来看，今日头条的用户群体覆盖了从年轻人到中老年人的各个年龄段。年轻人群体活跃度高，对新鲜事物和热门话题充满好奇，他们通过今日头条获取最新的娱乐八卦、科技动态和社会新闻。而中老年人则更关注健康养生、社会热点和时事政治等方面的信息，今日头条的智能推荐算法也能精准推送符合他们兴趣的内容。

职业背景方面，今日头条的用户遍布各行各业。无论是白领上班族、学生群体还是自由职业者，都能在今日头条找到自己感兴趣的话题和内容。特别是对于一些特定行业的用户，如金融、科技、教育等领域的专业人士，今日头条的专业版块能够提供更为精准的行业资讯和深度分析，帮助他们更好地了解行业动态和趋势。

无论是体育迷、电影爱好者还是美食家，今日头条都能为他们提供丰富的相关内容。通过智能推荐算法，今日头条能够准确捕捉用户的兴趣点，推送符合他们喜好的内容，让用户在享受阅读的同时，也能发现更多与自己趣味相投的人。

2. 内容类型

今日头条的内容类型丰富多样，涵盖了短视频、新闻资讯、微头条、推荐文章、直播互动和问答社区等多种形式。此外，今日头条的内容还可以根据标签进行分类，如娱乐、资讯、科技、旅游、财经等。这些标签有助于用户更方便地找到感兴趣的内容。

3. 今日头条的推荐算法

今日头条的推荐算法对于其成长壮大起到了至关重要的作用。这些算法主要基于机器学习和数据挖掘技术，通过对用户行为、文章内容和标签等多个维度进行分析和匹配，实现精准的文章推荐。

今日头条的推荐算法能够根据用户的兴趣和偏好，智能匹配相关文章，提供个性化的推荐服务，这样每个用户都能在自己的今日头条上看到他们最感兴趣的内容，从而提高用户的阅读体验和满意度。

通过大数据和机器学习技术，今日头条的推荐算法能够快速准确地找到用户感兴趣的文章。这种精准度不仅体现在推荐的内容上，还体现在推荐的时机上。比如，当用户对某个话题表现出兴趣时，算法能够迅速捕捉到这一信号，并在第一时间将相关内容推荐给用户。

推荐算法能够迅速处理大量数据，并及时调整推荐策略。这种高效性不仅体现在数据的处理能力上，还体现在算法的自我优化能力上。通过不断学习和调整，算法能够逐渐提高自己的推荐质量和效率。

今日头条的推荐算法还具备良好的用户反馈机制。通过收集和分析用户的反馈信息，算法能够不断优化自己的推荐策略，从而更好地满足用户的需求。这种反馈机制不仅提高了算法的适应性，还增强了用户与平台之间的互动和信任。

知 识 链 接

个性化算法是一种推荐技术，它通过分析用户的历史行为记录、兴趣记录等信息，形成用户的兴趣偏好向量，并与已有的项目属性向量进行相似度计算，从而为用户推荐可能感兴趣的物品或服务。这种推荐技术现在已广泛应用于电商和内容行业，发挥着越来越重要的作用。

个性化算法中，基于内容的推荐算法是一种重要的思想。而另一种个性化推荐算法是利用现代大数据的关联性和人工构建的知识网络进行推荐。这种方法通过收集用户的直接需求和可能出现的相关需求，构建知识网络，并进行相关知识的推荐。

步骤2：注册今日头条账号

在了解今日头条平台的特性之后，小李还需要了解今日头条账号如何注册，通过摸索他掌握了今日头条账号的注册操作，具体步骤如下：

1. 下载今日头条App

用户需要进入应用市场或者在官网下载今日头条客户端，如图4-22所示，下载完毕后打开即可开始注册账号。

2. 选择注册方式

打开客户端，点击右下角–我，单击"登录"按钮，进入登录界面，在登录页面中，用户可以选多种方式，可以选择抖音号快捷登录，也可选择"QQ"或"密码"登录（微信未授权"今日头条"应用），如图4-23所示。

通过以上步骤，小李成功注册了今日头条账号。

图4-22　下载今日头条App

步骤3：设置账号基础信息

注册完今日头条账号之后，小李还需要设置今日头条账号基础信息，如昵称、性别、出生年月、地区等，如图4-24所示。合理设置基础信息可以提高账号可信度和影响力，吸引更多关注和粉丝。

图4-23　今日头条注册界面　　图4-24　今日头条设置账号基础信息

在设置今日头条账号基础信息时需要注意一些事项：

（1）用户名：用户名是在今日头条上的身份标识，应该简洁明了，易于记忆，避免使用过于复杂或难以理解的字符组合。同时，用户名应避免涉及敏感词汇，如与政治相关或影响公序良俗的词语。

（2）头像：头像是个人形象的重要展示窗口，应该选择一张清晰、专业的照片作为头像，避免使用模糊、不清晰或过于随意的照片。如果行业或领域有特定的头像规范，建议遵守相关规定。

（3）个人简介：个人简介是展示个人特点和专业能力的重要窗口。在编写个人简介时，应该简明扼要地介绍自己的背景、特长和经验，同时要避免夸大其词或虚假宣传，保持真实性和专业性。

（4）认证信息：如果账号需要进行实名认证或其他认证，一定要按照平台要求提供真实、准确的信息。认证信息可以提高个人账号的可信度和权威性，也有助于提高曝光率和影响力。

（5）隐私设置：在设置账号基础信息时，要注意保护个人隐私，根据自身需求，合理设置隐私权限，避免泄露个人敏感信息。例如，可以设置只有关注的人才能查看动态或评论等。

活动 2　开展今日头条营销

步骤 1：制订营销计划

1. 微头条定位与内容规划

微头条定位与内容规划是自媒体运营中至关重要的环节。在开始规划微头条内容之前，首先要明确目标受众。了解他们的兴趣、需求和习惯，有助于创作出更符合受众兴趣的内容。根据目标受众的特点，确定微头条的主题。可以围绕某个领域、行业或话题展开，保持内容的连贯性和专业性。

小李经过团队讨论，决定以挖掘"乡土印象"品牌背后的文化内涵与历史渊源，讲述农民辛勤耕耘的故事，展现农产品绿色生态、安全健康的特性。

2. 内容分类与主题设定

想要在微头条上获得更多关注和互动，了解微头条的内容分类和主题设定是非常重要的。微头条内容分为生活分享类、娱乐八卦类、知识科普类和观点表达类 4 种类型。微头条的主题设定主要取决于希望传达的信息和想要吸引的读者群体。

小李团队经过讨论，决定设定微头条内容为知识科普类，并将通过发布农田实景、

丰收场面、加工过程等短视频或图片，让读者直观感受农产品的天然生长环境。并推出以"乡土印象"农产品为主材料的家常菜或特色菜肴的制作教程，激发用户购买欲望。

3. 微头条发布时间与频率

根据今日头条用户活跃时段分布，选择早、中、晚三个高峰时间段进行发布，保证每日至少更新一条高质量微头条内容。在节假日、促销活动等特殊节点加大推送力度，提前预热，提高用户关注度。

4. 话题标签与互动

话题标签（Hashtag，又称话题）在微头条中扮演着重要的角色，它们不仅可以帮助用户组织内容，还可以增加内容的可见性和互动性。平台利用话题标签将相关的内容归类到一起，使用户可以更容易找到和浏览相关的话题。当用户在微头条中发布内容时，如果使用了热门或受欢迎的话题标签，那么这条内容就有机会被更多人看到，因为它可能会出现在与该话题标签相关的推荐列表中。话题标签鼓励用户之间进行互动。例如，当其他用户看到某个话题标签并对此感兴趣时，他们可能会选择参与其中，进行评论、点赞或转发。

小李团队经过讨论，决定每条微头条都附带相关话题标签，如"# 乡土印象 #""# 绿色食品 #""# 乡村振兴 #"等，便于内容聚合和用户搜索，并且举办"晒我家餐桌"等活动，鼓励用户上传使用"乡土印象"农产品制作的美食图片，赢取优惠券或礼品。

通过以上几个步骤，小李逐步推进"乡土印象"农产品在今日头条平台上的微头条营销计划，加强品牌曝光度，提高用户黏性，推动农产品销售和品牌影响力提升。

步骤 2：创作并发布内容

（1）打开移动端今日头条 App，找到并单击页面右上角的"+"按钮，然后选择"发微头条"选项，如图 4–25 所示。

（2）在打开的微头条编辑页面中，可以输入想要发布的内容。内容可以是文字、图片、视频或链接，如图 4–26 所示。

（3）如果想添加图片或视频，可以在编辑页面中点击相应的图标，然后从手机相册中选择想要发布的图片或视频。

（4）编辑完成后，可以预览微头条内容，确认无误后单击页面右上角的"发布"按钮。

（5）发布成功后，微头条将会展示在个人主页和关注的用户的信息流中，以供阅读和互动。

图 4-25　今日头条后台界面

图 4-26　今日头条微头条发布界面

注意发布微头条时，尽量保持内容简洁明了，突出重点，以吸引更多用户的关注和互动。同时，还可以根据今日头条的推荐算法，选择适合的话题标签和关键词，提高微头条曝光率。

步骤 3：营销效果分析

在完成微头条的内容创作和发布之后，需要对营销效果进行分析。首先打开今日头条应用，在应用首页或底部导航栏中，找到并单击"我的"按钮或类似的个人中心入口。进入个人中心后，找到与创作或内容管理相关的功能，在数据助手页面中，找到并单击"微头条"按钮或相应的标签，即可查看微头条的数据信息，如图 4-27 所示。

图 4-27　今日头条微头条数据界面

对于微头条营销效果的分析方法，可以从以下几个方面进行。

1. 数据监控与分析

曝光量：观察微头条的曝光量可以了解内容被多少人看到，高曝光量通常意味着内容具有较好的传播性和吸引力。

转发量：转发是用户主动分享内容的体现，高转发量表示内容受到用户的喜爱和认可。

评论量：评论量反映了用户对内容的参与度和兴趣度，分析评论内容可以了解用户的反馈和需求。

点赞量：点赞量表示用户对内容的认可和赞赏，也是衡量内容受欢迎程度的重要指标。

点击率：如果微头条中包含了链接或广告，点击率可以衡量用户对链接的点击情况，从而了解广告的转化效果。

2. 用户互动分析

互动时间：观察用户互动的时间点，可以了解用户活跃的时间段，为后续的发布时间提供参考。

互动内容：分析用户的评论和反馈，可以了解用户对品牌的看法和意见，为后续的营销策略调整提供依据。

3. 转化率评估

引导转化：在微头条中设置引导语或链接，引导用户发生购买、关注、下载等转化行为，统计转化数据可以评估微头条的转化效果。

投资回报率（Return On Investment，ROI）：计算微头条营销的投入与产出比例，评估营销活动的经济效益。

4. 竞品对比分析

观察竞品的微头条发布频率、内容类型、互动情况等，可以了解竞品的营销策略和效果。通过对比本产品和竞品的数据，可以发现本产品营销的优势和不足，为后续的营销策略调整提供参考。

5. 内容质量评估

观察微头条的内容质量、创意度、话题性等，可以评估内容对用户的吸引力和影响力。通过用户反馈和数据分析，可以不断优化内容质量，提高营销效果。

总之，对微头条营销效果的分析需要从多个维度进行综合考虑，包括数据监控与分析、用户互动分析、转化率评估、竞品对比分析以及内容质量评估等。通过全面的分析，可以更好地了解营销效果，为后续的营销策略调整提供依据。

任务回顾

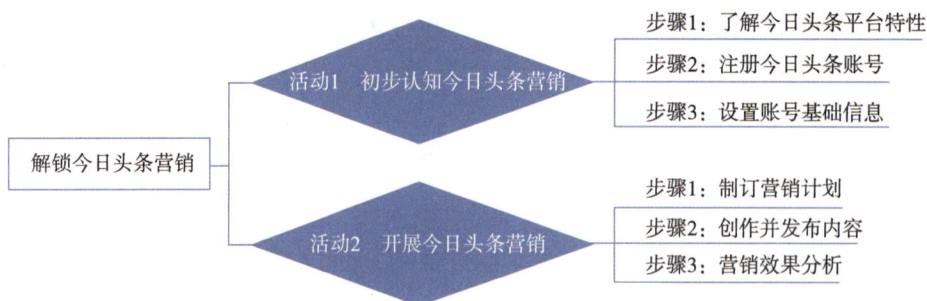

解锁今日头条营销

活动1　初步认知今日头条营销
- 步骤1：了解今日头条平台特性
- 步骤2：注册今日头条账号
- 步骤3：设置账号基础信息

活动2　开展今日头条营销
- 步骤1：制订营销计划
- 步骤2：创作并发布内容
- 步骤3：营销效果分析

任务实训

今日头条营销实训——荔波蜜柚的今日头条营销

一、实训概述

本任务实训为今日头条营销实训，学生通过该实训，不仅可以将理论知识应用到实践中，还能通过具体的今日头条营销行动，学习如何提升广西特色产品的市场知名度和销量，同时为当地农业发展和文化传承做出贡献。

二、实训素材

（1）相关实训软件。

（2）智能手机实训设备。

三、实训内容

学生自由分组，并推选一名组长，由组长根据小组情况进行任务分工，最后以小组为单位针对实训背景进行实训操作。在实训中，教师指导并帮助学生完成实训内容。

四、实训背景

荔波砂糖柚（见图4-28），又称荔波蜜柚，这种蜜柚以其皮薄、囊瓣大、果肉柔嫩多汁、化渣、甜酸适口等特点而著称。

荔波蜜柚营养丰富，果汁含糖量在 8 ~ 11 g/100g 之间，维生素 C 含量在 48.93 ~ 51.98 mg/100 g 之间，可溶性固形物含量在 10.7 ~ 11.6 g/100 g 之间，可食部分约占 68%。

位于广西壮族自治区的某荔波蜜柚合作社是一家专门生产销售荔波蜜柚的农户集体。面对激烈的市场竞争和消费者对绿

图 4-28　荔波砂糖柚

色健康食品的日益关注，合作社决定利用今日头条平台进行线上推广和销售。

五、实训任务

1. 今日头条账号定位

学生在教师的指导下，确定账号的定位，为该品牌塑造专业、可信的农产品品牌形象，并将设置好的内容填写到下划线处。

账号名称：＿＿＿＿＿＿＿＿＿＿＿＿＿＿＿＿＿＿＿＿＿＿＿＿＿＿＿＿＿＿＿＿

账号定位：＿＿＿＿＿＿＿＿＿＿＿＿＿＿＿＿＿＿＿＿＿＿＿＿＿＿＿＿＿＿＿＿

2. 内容策划与发布

学生围绕荔波蜜柚的生长环境、种植过程、采摘时节、营养价值等方面，精心编写图文并茂的微头条和文章，配以实地拍摄的高清图片和视频，展现蜜柚的原生态之美。

3. 社群运营与用户互动

确定建立"荔波蜜柚粉丝群"，及时解答用户提问，收集反馈，增强用户忠诚度。对优质用户评论进行置顶或回应，激发更多用户的互动意愿，形成良好的社区氛围。

4. 数据分析与策略优化

通过今日头条后台的数据分析工具，持续跟踪内容的阅读量、点赞数、评论数、分享数等指标，以及广告投放的点击率、转化率等数据。根据数据反馈不断优化内容创作和广告投放策略，进一步提升营销效果。

素养课堂

社交媒体营销是推广的重要工具，它能够帮助企业迅速扩大影响力，吸引更多的潜在客户。与传统的广告相比，社交媒体营销更加具有互动性和针对性，能够更好地满足消费者的需求。在社交媒体平台上，消费者可以自由地发表自己的观点和意见，并与企业进行互动。这种互动不仅增强了消费者的参与感和归属感，还能让企业更好地了解消费者的需求和反馈，从而更好地调整产品和营销策略。但是社交媒体平台是一个公开的场所，不正当和误导性言论可能会对用户产生负面影响，甚至引发社会争议。

遵照《中华人民共和国广告法》等法律法规，社交媒体营销必须遵循一定的规范和道德准则。首先，广告内容必须真实、准确、清晰，不得误导消费者。企业应当避免使用虚假宣传、夸大其词等不当手段来吸引用户点击和购买。其次，广告应当尊重用户的隐私和权益，不得侵犯用户的个人信息和知识产权。企业应当遵守相关法律法规，确保广告内容的合法性和合规性。

总之，社交媒体营销是一种重要的推广工具，但也需要企业在遵循法律法规和道德准则的前提下，注重用户体验和互动质量，确保广告的真实性和合法性。只有这样，才能在社交媒体平台上树立良好的企业形象，吸引更多的潜在客户，实现企业的可持续发展。

项目评价

基于在本任务中的学习、探究及实训情况，进行学生自评、学生互评与教师点评，完成表4-7的填写。

表4-7　项目评价表

考核内容	评价		
	学生自评	学生互评	教师点评
是否能正确阐述微信营销的概念及主要方式	□是 □否	□是 □否	□是 □否
是否能独立注册微信公众账号，并对微信公众账号进行设置与操作，开展微信营销工作	□是 □否	□是 □否	□是 □否
是否能正确阐述小红书营销的主要方式，注册小红书账号及设置账号基础信息	□是 □否	□是 □否	□是 □否
是否能掌握小红书内容创作与发布流程，完成小红书营销及效果评估	□是 □否	□是 □否	□是 □否
是否能正确阐述今日头条的平台特性，完成今日头条账号的注册和设置账号基础信息	□是 □否	□是 □否	□是 □否
是否能在今日头条进行营销内容的创作及发布	□是 □否	□是 □否	□是 □否

项目五 玩转音视频营销

项目概述

随着互联网技术的不断发展和普及，音视频营销在网络营销领域中占据了越来越重要的地位。音视频营销通过多元化的内容形式和传播渠道，能够有效地触达目标受众，提升品牌知名度和用户互动体验，成为品牌推广和产品宣传的重要手段。

本项目分别从玩转音频营销、玩转短视频营销、玩转直播营销三个方面展开讲解，使读者能够掌握网络营销的关键知识点，深入了解网络营销的理论基础、探索其本质特征，并通过具体的营销战略分析，掌握网络营销的实战技巧，为将来在商业环境中应用网络营销策略奠定坚实的基础。

项目预览

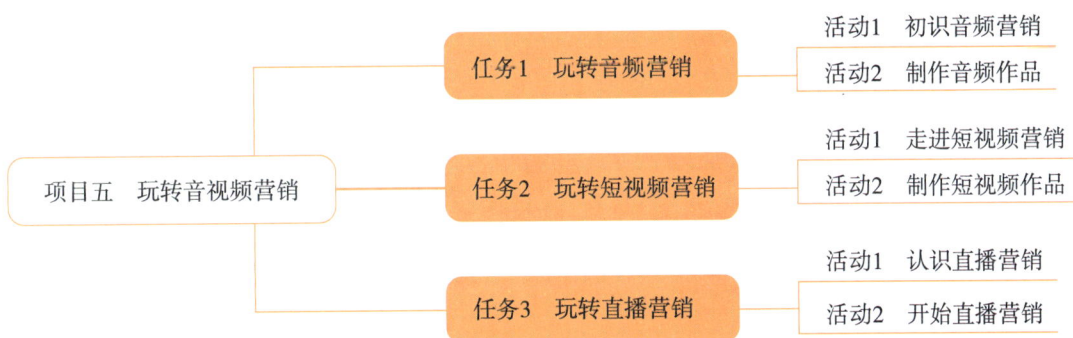

项目目标

知识目标

1. 了解音频营销的概念、特点及形式；

2. 了解短视频营销的概念与特点；

3. 了解直播营销的概念与优势；

4. 熟知常用的音视频平台。

能力目标

1. 能够选择合适的音频营销工具，独立进行账号的创建、音频的录制与剪辑等操作；

2. 能够根据营销目的，制作符合要求的短视频作品；

3. 能够开通直播账号，并顺利进行一场直播。

素养目标

1. 具备高度的社会责任感和职业道德意识，能够在音视频营销活动中严格遵守法律法规，坚决抵制欺诈、售假等违法违规行为，维护公平、公正的市场秩序；

2. 具备前瞻性的数字素养和创新意识，能够在直播营销中充分利用数字技术，推动直播内容与形式的创新，以满足用户日益多样化的需求。

引导案例

"小砂糖橘"流量推动文旅火热出圈

2023年的最后一天，11名身着橘色羽绒服的小朋友，一人推着一个橘色行李箱，出现在哈尔滨太平国际机场。相关短视频在社交媒体上快速传播，网友被这些可爱的萌娃所吸引，也惊讶于家长和老师的勇气。这是一群来自广西南宁、年龄在3～6岁之间的幼儿园小朋友，由三名老师带队到东北游学。由于广西是"网红水果"砂糖橘的主产地，网友给他们取了一个很甜的外号——"小砂糖橘"。

随后，"小砂糖橘"效应向多方面外溢。首先是广西与哈尔滨的"双向奔赴"：数百吨砂糖橘、沃柑从南宁、桂林、百色运往东北免费发放，近200家广西景区对东北游客推出免费或优惠政策，"小东北虎""大冻梨"也相继来到桂林、柳州等地"交换冬天"，网友喊出"你呵护我的孩子，我照顾你的老人"。

原本一场普通的孩童旅行，在真情与流量的碰撞之下，成为一次多地联动的文旅形象集中展示和一场裂变式的互动传播活动。从中我们可以看出音视频媒体给文旅产业带来的新变化与新机遇。

"小砂糖橘"现象不仅是一场孩童的旅行，更是一次文旅产业的巧妙营销。这一现象充分展示了音视频媒体在文旅营销中的巨大潜力，以及情感共鸣与流量效应对品牌形象塑造和互动传播的积极影响。

（资料来源：中国青年网）

【问题思考】

1. 在"小砂糖橘"案例中，音视频媒体是如何助力文旅产业实现裂变式传播的？

2. 案例中，为何网友对这群"小砂糖橘"产生了如此强烈的情感共鸣，这种共鸣对文旅产业的营销有何启示？

任务1　玩转音频营销

任务描述

　　小林是一名广西南宁的电子商务从业者，为了更好地助销家乡特产——上林八角〔南宁市上林县特产，国家地理标志保护产品。八角为上等的调味香料，具有健胃、止咳、止痛、调中理气、祛寒湿等功效，药用价值高，也可用作畜牧饲料的添加剂（见图5-1）〕，他希望借助自己积累的营销经验，通过当下主流营销方式——音频营销，来打造一系列精心策划的宣传内容，实现引流助销的目的，为家乡特产的推广和发展贡献自己的力量。

　　小林拟通过本任务了解音频营销的基本知识，为此他制订了一个任务实施计划，准备从两个方面实施，分别是初识音频营销和制作音频作品。

图 5-1　上林八角

任务实施

　　网络时代，信息传播的方式更加多元化，音频作为一种场景覆盖式的营销方式具有其独特的优势，更能在碎片化时间里满足用户的需求，达到产品或品牌的传播与累积。

活动 1　初识音频营销

　　在开展音频营销活动之前，需要对音频营销形成全面的认知。小林可以通过多种方式对音频营销进行初步的了解与认知。

步骤 1：理解音频营销的概念

　　耳朵是人类接收外界信息的重要器官。在在线音频行业高速发展的今天，音频产业围绕有声内容产品生产、交换、分配、销售而形成的一整套经济关系——"耳朵经济"崛起，影响着大众的生活。

知 识 链 接

　　"耳朵经济"是以有声读物、知识付费和网络直播等为主要新兴业务模式组成的经济形式，它的声音价值、传播价值、人群价值和场景价值均可有效提升品牌营销效果，其营销潜能正被越来越多的品牌所关注。

　　数据显示，音频平台以订阅模式、广告投放模式和直播盈利模式三轮驱动，变现效率较高；在广告方面，音频平台通过整合营销传播方案为广告主提供服务，结合平台用户特点和全场景覆盖优势完成智能化的精准投放，并且以IP共建、品牌电台和节目定制等方式来实现品牌营销诉求，提升品牌曝光率。

　　小林通过网络搜索及阅读相关书籍，了解到音频是一个专业术语，通常用于描述声音的频率和振幅。人们通常使用音频设备来录制、编辑、处理和播放声音，这些设备包括麦克风、耳机、扬声器、混音器、录音机等。

　　音频营销是一种新兴的营销方式，它主要以音频为传播载体，通过音频节目运营品牌、推广产品。通俗地说，音频营销就是通过音频来进行商业推广，是一种新兴的网络营销模式。音频是个专业术语，人类能够听到的所有声音都可被称为音频，而音频营销中的音频主要是指网络上互动交流的语音、歌曲、朗诵、朗读及其他形式的录音等。

步骤2：研究音频营销的特点与形式

　　在了解了音频营销的概念之后，小林还需要对其特点进行分析。通过查询资料，小林发现音频营销的特点主要包括以下几点：

1.伴随式

　　音频营销的内容可以在用户进行其他活动时同时播放，如通勤、运动等场景中，用户可以一边进行其他活动一边收听音频内容，从而在不影响其他活动的情况下接收广告信息。

2.闭屏特性

　　相比视频等视觉媒体，音频媒体的视觉元素是关闭的，这使得用户可以专注于听声音而不会被其他视觉元素分散注意力。同时，闭屏也让音频营销的信息传递更为直接和有效。

3.低成本

　　音频营销不需要复杂的视觉特效和拍摄设备，只需要录制声音并进行简单的编辑。

这大大降低了广告制作的成本。同时，音频广告的发布渠道也相对广泛，可以通过各大音频平台、社交媒体等渠道进行传播，覆盖面广且费用相对较低。

4. 接受度高

用户可以在不影响其他活动的情况下接收信息。这使得音频广告更容易渗透到用户的日常生活中，提高广告的曝光率和接受度。此外，音频内容往往能够传达情感，增强了广告的感染力，进一步提升了用户的接受度。

在研究了音频营销的主要特点后，小林不禁产生了疑问——音频营销具体是通过哪些形式表现的呢？

1）音频内容中植入广告

内容植入是网络营销推广中常用的方式，选取目标受众集中的音频节目植入广告，通过与节目内容的自然融合，传递品牌信息，提升品牌知名度（见图5-2）。

2）搭建音频自媒体

品牌直接进入音频平台，建立专属的音频自媒体，以精心制作的独特内容吸引并留住目标受众，从而培养品牌的忠实听众群体。在构建自媒体电台的过程中，企业应充分考虑自身的特色与优势，选择与之匹配的电台定位和发展方向。具体类型如图5-3所示。

图 5-2　音频内容中植入广告

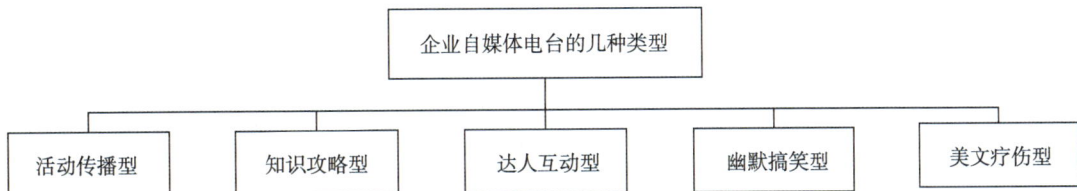

图 5-3　音频自媒体类型

3. 策划定制专题节目

企业也可以根据品牌特性和产品特点，与特定主播合作共同定制节目，通过设定粉丝特权加速营销转化，实现品牌与消费者的深度互动。

以喜马拉雅为中国移动定制的"宇宙电台"项目（见图5-4）为例，宇宙电台巧妙地将5G技术的无限可能性与广袤无垠的宇宙相结合，通过富有创意的概念设计，实现了品牌与消费者的深度互动。

图 5-4　定制的"宇宙电台"项目

此外，还有音频直播、付费收听等音频营销形式。"内容植入、自媒体搭建、专题节目策划"这三种核心音频营销方式，可以有很多形式的创意玩法。企业可以根据自身需求、目标受众公司和产品的情况，选择一种或多种方式运用，发挥出音频节目营销的最佳效果。

步骤 3：认识常用的音频平台

小林在经过上一步骤的学习后，深知在互联网时代需要认识不同的音频平台，以便更好地利用音频营销将自己的网店推广给更多的潜在顾客。

经过学习，小林了解到音频平台可以根据其内容、服务和功能进行分类。以下是一些常见的分类：

1. 音乐流媒体平台

这些平台主要提供音乐的在线播放和下载服务。用户可以通过订阅或付费方式获得无限制的音乐享受，如 Apple Music、网易云音乐（见图 5-5）、QQ 音乐等。

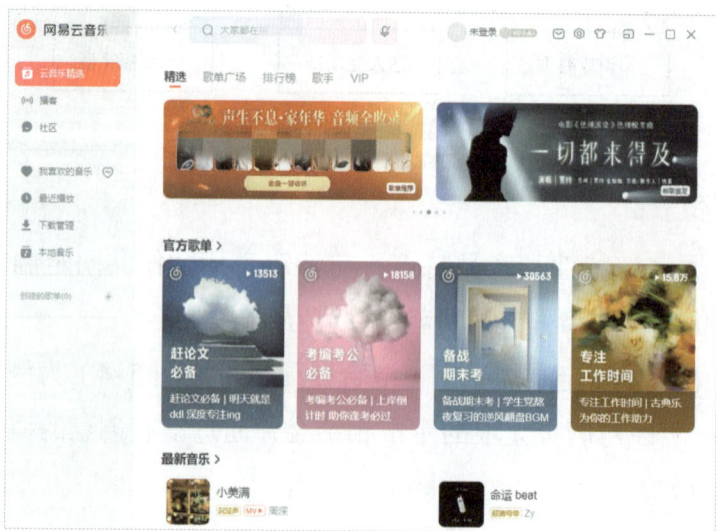

图 5-5　网易云音乐

2. 广播电台平台

这些平台类似于传统的广播电台，但提供的是网络服务。用户可以收听各种类型的广播节目，包括音乐、新闻、娱乐等。这类平台如蜻蜓 FM（见图 5-6）、企鹅 FM、龙卷风收音机等。

图 5-6　蜻蜓 FM

3. 播客平台

这些平台允许用户上传和分享自己制作的音频节目，用户可以订阅自己感兴趣的主题和内容。一些音乐流媒体平台也提供播客服务，如荔枝 FM、喜马拉雅 FM（见图 5-7）、网易云播客等。

步骤 4：创建音频平台账号

注册音频平台账号的步骤因平台而异，但大致相似。小林选择喜马拉雅平台开展音频营销，具体可以按创建账号、创建专辑、录制与剪辑、发布与推广 4 个步骤进行。

创建喜马拉雅账号时，用户既可以在 PC 端也可以在移动端完成，其申请步骤大致相同，现以 PC 端为例进行账号创建的讲解。

图 5-7　喜马拉雅 FM

步骤 1：进入喜马拉雅主页。搜索引擎搜索"喜马拉雅官网"（见图 5-8），然后单击官网链接进入，或者直接输入网址，进入喜马拉雅主页（见图 5-9）。

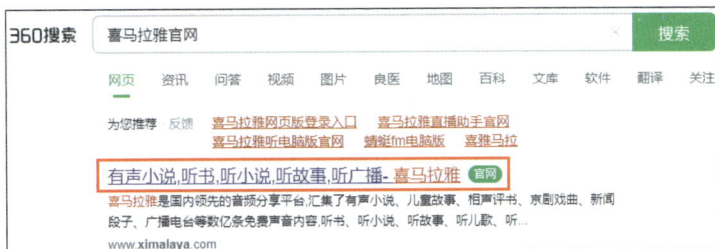

图 5-8　搜索"喜马拉雅官网"

图 5-9　喜马拉雅主页

进入登录页面后，可以用手机号直接登录，也可以利用第三方账号登录（见图 5-10），如微信、QQ、微博等。这里选择用微信扫码登陆，登录成功后页面跳转至喜马拉雅首页，此时便完成了喜马拉雅的账号注册。

（1）单击喜马拉雅主页右上角的"创作中心"按钮，在创作中心页面单击"一键认证"按钮后，进行主播认证（见图 5-11 ~ 图 5-13）。

图 5-10　账号注册对话框

图 5-11　"创作中心"按钮

图 5-12　"一键认证"按钮

图 5-13　主播认证

（2）选择"个人实名信息认证"。移动端下载登录最新版喜马拉雅 App，在首页右上角单击"+"按钮扫描官网认证二维码（见图 5-14），进入实名认证。

（3）选择证件类型、证件号、资金结算主体，填写完成后勾选"已阅读并同意"复选框（见图 5-15）。

图 5-14　单击"+"

图 5-15　手机扫描二维码进行个人实名认证

（4）确认证件与人脸验证。此时运营者需要先上传本人身份证正反两面，注意勿遮挡身份证有效信息，确保包括身份证号在内的图片信息清晰可见，边框完整，确保信息无误后，单击底部的"提交"按钮，再进行人脸验证，识别成功后实名认证就完成了。

动手小练

除了喜马拉雅音频平台，请选择其他的音频平台，进行账号的注册。将操作步骤的流程填写在下方空白处。

$$\boxed{} \rightarrow \boxed{} \rightarrow \boxed{} \rightarrow \boxed{} \rightarrow \boxed{\cdots\cdots}$$

活动 2 制作音频作品

为了深入探索音频创作的过程，小林尝试制作音频作品。小林将从录制到后期制作全面体验音频创作的魅力。

步骤 1：创建新的项目

（1）单击喜马拉雅首页右上角"上传"下的"音频剪辑"选项（见图 5-16），进入音频上传页面，单击页面中"喜马拉雅·云剪辑"的"去体验"按钮（见图 5-17）。

（2）进入创建新的项目页面（见图 5-18），这里可以选择"创建项目""在线录音""文字转音频""AI 快剪"4 个选项，下面以"在线录音"为例进行讲解。

图 5-16 "音频剪辑"选项

图 5-17 "去体验"按钮

图 5-18　创建新的项目页面

步骤 2：在线录音

单击图 5-18 中的"在线录音"按钮后，在弹出的窗口对将要录制的音频命名，随后单击"开始录音"按钮开始录制音频，录制完成单击"完成"按钮即可（见图 5-19）。

步骤 3：剪辑音频

（1）完成音频的录制后，可以先把音频下载到本地，也可以直接对音频进行剪辑。单击"去剪辑"按钮（见图 5-20）进入音频剪辑页面，可以根据自己的需求对录制的音频进行剪辑与处理（见图 5-21）。

图 5-19　录制音频

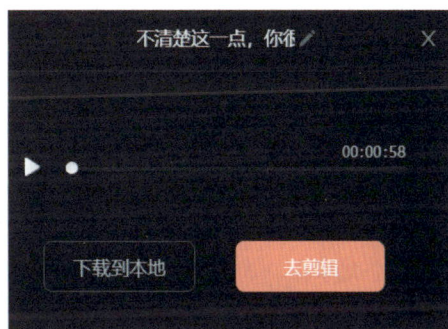

图 5-20　单击"去剪辑"按钮

图 5-21　音频剪辑页面

（2）音频剪辑完成后单击图 5-21 中右上角"导出"按钮，然后在弹出的对话框中单击"开始合成"按钮对音频进行合成，随后单击"立即发布"按钮，发布剪辑好的音频（见图 5-22、图 5-23）。

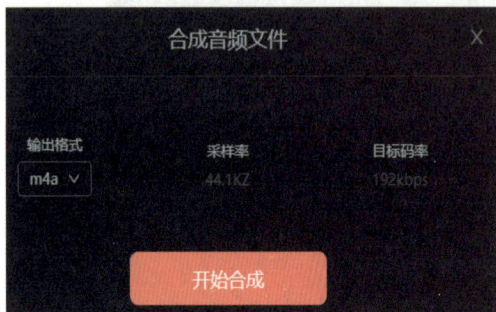

图 5-22　单击"开始合成"按钮

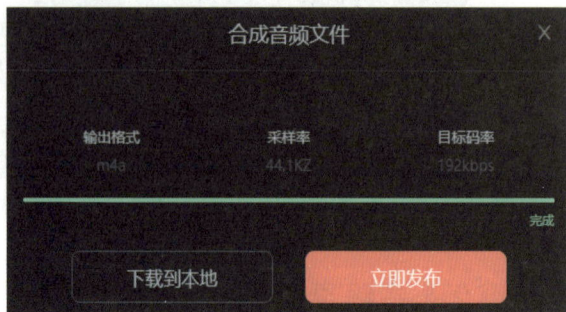

图 5-23　单击"立即发布"按钮

除了利用喜马拉雅平台自带工具进行音频的录制与剪辑外，也可以利用其他音频剪辑工具进行操作。

行业故事

2022 年春运，无数在外拼搏的奋斗者踏上回家路途，迎接新一年的阖家团圆，但由于路程时间长、空间有限娱乐方式单一、易疲劳等，漫长的春运路途让人备受煎熬。

此时，声音成了人们回家路上的首选陪伴媒体。贵州茅台与喜马拉雅联合打造的《茅台·回家电台》，为春运归家的游子们精心准备了四大主题的高频听单，即《合家欢电台》《硬核电台》《悦己电台》《青春电台》，这些电台清单全面覆盖了不同群体的收听喜好。在《茅台·回家电台》新春祝福中，喜马拉雅通过文本 - 语音转换（Text To Speech，TTS）技术，完美复现已故评书大师单田芳的声音。"单老"贴心地为每一位春运返乡游子带去"茅台行车安全提醒"，用声音叮嘱每一位家人安全到家。

【案例思考】

阅读本案例，从营销价值、营销玩法、受众分析等多个角度出发，分析案例的亮点。

任务回顾

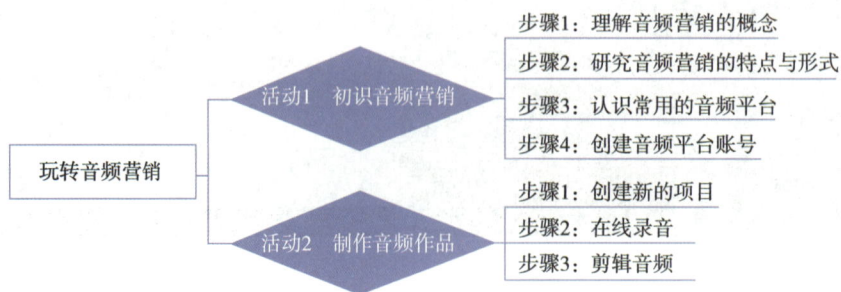

任务实训

音频营销实训——古典文化商城的音频营销

一、实训概述

本任务实训为音频营销实训，学生通过该实训，不仅可以将理论知识应用到实践中，还能通过具体的音频营销行动，加深个人对于中国文化的理解，为传承和弘扬中华文化做出贡献。

请学生根据所学知识，尝试完成音频作品的制作。

二、实训素材

（1）相关实训软件。

（2）智能手机实训设备。

三、实训内容

学生自由分组，并推选一名组长，由组长根据小组情况进行任务分工，最后以小组为单位针对实训背景进行实训操作。在实训中，教师指导并帮助学生完成实训内容。

四、实训背景

某古典文化商城专注于售卖与古典文化相关的商品，如宣纸、毛笔、砚台、墨块等。在这里可以一站式购齐所有书画用品。商城还设有非遗技艺展示区，展示宣纸制作、毛笔制作等非遗技艺，使消费者在购物的同时，也能感受到传统文化的魅力。

售卖商品如下：

宣纸：以其质地柔韧、色泽洁白、纹理清晰而著称，是书写与绘画的绝佳之选。

毛笔:这里汇集了各式毛笔，从传统的狼毫、羊毫，到现代的兼毫、尼龙毫应有尽有。每一支毛笔都经过精心制作，笔尖柔软、笔杆光滑，无论是书法爱好者还是绘画初学者，都能在这里找到适合自己的毛笔。

学生可以选择以传统文化传承者的身份，从音频营销的角度出发，利用所学的理论和技能，以"书写古典诗词之美"为主题，制作音频作品，展示宣纸、毛笔等传统文化商品的独特魅力，重点介绍古典诗词与这些商品之间的深厚渊源。

五、实训任务

1.制订音频作品制作计划

根据所选主题和内容，制订一份详细的制作计划，包括录音、剪辑、发布等环节的时间安排和人员分工，并填入表5-1中。

表5-1 音频作品制作计划

工作事项	工作内容	人员分工

2.选择音频营销的形式

根据实训背景，选择音频营销的形式，并将选择结果呈现在下方方框中。

□内容植入
□自媒体搭建
□专题节目策划
□其他_____

3.录制音频作品

按照制作计划进行录音工作，确保录音质量符合要求。并将录制过程中的注意事项写在下方横线上。

_____

_____

4.音频编辑与优化

使用音频编辑软件对录制的音频进行剪辑和优化，使音频更加完美。将音频剪辑的流程写在下列方框中。

5.发布与分享

将完成的音频作品发布到合适的平台，并通过社交媒体分享音频作品，吸引更多的听众。同时，关注听众反馈，不断改进和完善自己的作品。

总结与反思：分析自己在实训过程中的优点和不足，总结经验教训。同时，思考如何将所学知识和技能运用到未来的学习和工作中。

任务2 玩转短视频营销

任务描述

完成音频营销后，小林了解到短视频营销迅速发展的市场趋势，为了更直观地展示上林八角的生长、采摘、包装和运输过程，小林决定利用短视频这一媒介拓宽产品销路，提高网店的收益。但现实问题是，虽然小林拥有丰富的网店运营经验，但对短视频营销并不熟悉，为此，他准备从短视频营销的概念、特点及平台入手，系统学习短视频营销相关知识，同时，他也认识到，仅仅掌握理论知识是不够的，还需要通过实际制作短视频作品来深化学习，以便更好地运用短视频营销技巧，提升产品的市场竞争力。

任务实施

活动1 走近短视频营销

在开展短视频营销活动之前，需要对短视频营销形成全面的认知。小林通过多种方式对短视频营销建立了初步的了解与认知。

步骤1：了解短视频营销的概念与特点

短视频是指在各种新媒体平台上播放的、适合在移动状态和短时休闲状态下观看的、高频推送的视频内容（图5-24），时长从几秒到几分钟不等。这种视频形式融合了技能分享、幽默搞怪、时尚潮流、社会热点、街头采访、公益教育、广告创意、商业定制等多种主题，可以单独成片，也可以成为系列栏目。

相比于传统营销，短视频营销以企业／品牌方为营销主体，将特定的营销内容通过短视频平台推送给特定的短视频用户，从而达到某种营销效果。短视频营销是一种利用短视频平台进行商业营销的方式。它通过制作和发布与品牌或产品相关的短视频内容，吸引用户的注意力，从而提高品牌知名度和用户参与度，最终达到促进销售和转化的目的。总的来说，短视频营销呈现出以下特点：

图5-24 短视频

1. 简洁高效

短视频的时长通常在几秒到几分钟之间，因此它需要内容简洁、精炼，能够在短时间内吸引用户的注意力。这种迅速传达品牌信息、简洁高效的特点使它成为快速传播和推广的有效工具。

2.传播速度快

短视频平台拥有庞大的用户基础和活跃的社交功能，这使优质的短视频内容能够迅速在平台上传播，形成病毒式的传播效应。

3.社交属性强

短视频平台通常具有强大的分享功能，用户可以方便地将喜欢的短视频分享给朋友、家人和社交网络上的关注者。这种社交属性使短视频具有更广泛的传播范围，增加了品牌曝光度，增强了传播效果。

4.广告形式多样

短视频平台提供了多种广告形式，如植入广告、前贴片广告、插入式广告等。品牌可以根据自身需求选择合适的广告形式，在短视频中巧妙地融入品牌信息，提高广告的曝光度和转化率。

步骤 2：分析短视频平台

短视频已经成为网络营销的重要流量入口和发展风口，同时也催生出了一大批短视频平台。目前，主流短视频平台有抖音、快手、哔哩哔哩等，其特点如下（见表5-2）。

表5-2　短视频平台及其特点

平台	特点
抖音	用户群体：年轻人居多，用户年龄在20～30岁。 内容特点：短视频为主，以音乐、舞蹈、搞笑、创意为主题，强调轻松娱乐。 视频时长：通常为15～60 s。 分发推荐机制：借助算法推荐，基于用户兴趣、互动历史、地理位置等因素，实现个性化内容推荐
快手	用户群体：年龄跨度较大，以三、四线城市为主，关注生活、技能分享等。 内容特点：以生活、美食、手工艺、二次元等为主题，注重真实性和用户原创。 视频时长：通常为15～60 s。 分发推荐机制：基于用户关注、互动、浏览历史等进行推荐，也有明星效应和话题榜单
哔哩哔哩	用户群体：以年轻用户和二次元文化爱好者为主，关注动画、游戏、影评等。 内容特点：以用户原创的动漫、游戏解说、短视频为主，有丰富的二次元文化内容。 视频时长：时长不一，包括短视频、番剧、影评等，具体时长取决于内容类型。 分发推荐机制：采用用户关注、点赞、弹幕互动等行为，结合用户兴趣推荐相关内容，强调弹幕社区和用户生成内容（User Generated Content，UGC）

活动2 制作短视频作品

小林在了解了短视频营销的基础知识后，准备针对上林八角制作短视频作品，他通过网络搜索及咨询同行，明白了制作短视频作品需要经历从策划到发布的完整流程，具体步骤如下：

步骤1：确定短视频营销主题和营销目标

在开始制作之前，创作者需要明确短视频的营销主题和营销目标。这有助于确保内容的针对性和吸引力，同时提高视频的传播效果。小林决定此次短视频推广的目的是提升产品销量和品牌影响力，主题是上林八角产品，主要内容是展示上林八角的生长、采摘、包装和运输过程。

步骤2：策划短视频内容

在确定主题后，创作者需要进行详细的策划和构思，包括内容结构、叙事方式、视觉风格等。这一阶段需要充分发挥创意，同时考虑用户的观看习惯和兴趣点。

短视频策划主要参考三个维度：产品卖点、视频场景及受众人群。小林通过对上林八角特点的挖掘，策划短视频的内容，如表5-3所示。

表5-3 短视频策划

产品内容	产品卖点	视频场景	受众人群
上林八角	独家产地直供：与上林八角的顶级种植户建立了紧密的合作关系，直接从田间地头采摘的新鲜果实，保证了产品的品质和口感。 传统工艺与现代科技结合：继承了传统的上林八角加工技艺，同时引入了现代科技进行精细化地处理。 全程可追溯系统：买家可以通过扫描产品上的二维码，了解产品的来源、加工和运输等详细信息	田园风光：展示上林八角生长的田园风光，让观众感受到大自然的馈赠和农作物的生长过程。 采摘过程：展示农民们精心采摘八角的过程，强调其手工采摘的精细和严谨。 传统工艺：介绍上林八角传统的加工技艺，如晒干、挑选、打磨等，突出其独特的制作流程。 美食应用：展示上林八角在美食中的应用，如炖肉、炖汤、炒菜等，让观众感受到其独特的香气和口感	家庭主妇；关注健康和养生的人群

步骤3：撰写短视频脚本

短视频脚本是短视频制作的一种文本指导，它包含了视频中需要呈现的内容、情节和对话等要素，是制作短视频的关键工具。短视频脚本的质量在一定程度上能够影响短视频的最终效果。小林撰写好的短视频脚本如表5-4所示。

表5-4　短视频脚本

镜号	景别	时长/s	画面	台词	音效
1	远景	5	展示上林八角生长的田园风光，阳光洒在绿意盎然的八角树上，微风吹过，树叶轻轻摇曳	在这片得天独厚的土地上，大自然馈赠给我们一种珍贵的调味品——上林八角	轻柔的背景音乐，鸟鸣声
2	中景	4	农民正在八角树上精心采摘八角，脸上洋溢着丰收的喜悦	每一颗上林八角，都是农民们辛勤劳动的结晶	轻快的背景音乐，采摘声
3	近景	6	展示上林八角的细节，饱满的果实、浓郁的香气扑鼻而来	上林八角，品质卓越，香气浓郁，是烹饪美食的绝佳选择	上林八角落在桌上的声音
4	特写	3	展示扫描产品上的二维码，屏幕显示全程可追溯系统的信息	我们的上林八角，全程可追溯，让您买得放心，吃得安心	扫描二维码的"嘀"声
5	中景	5	展示顾客在网店下单，客服团队热情解答顾客的疑问	我们的专业客服团队，随时为您解答关于上林八角的疑问，提供个性化的定制服务	键盘敲击声，客服团队热情的问候声
6	全景	7	展示一桌丰盛的菜肴，上林八角作为调味品点缀其中，家人围坐在一起共享美食	上林八角，让美食更加美味，让家庭更加温馨	家人欢声笑语，筷子碰撞声

知 识 链 接

　　常见的短视频脚本主要分为三种类型，分别是提纲脚本、分镜头脚本和文学脚本。

　　提纲脚本是一种简洁明了的脚本形式，主要列出视频的主要内容、关键点和结构；分镜头脚本详细描述了每个镜头的内容、拍摄角度、景别、时长、动作和音效等；文学脚本更注重对话和情节的展现，类似于电影或电视剧的剧本，它详细描述了角色之间的对话、动作、场景转换和情感表达。

动手小练

　　广西手作坊网店是一个专门销售广西特色手工艺品的电商平台，销售产品包括桂林圆竹剖丝团扇、壮族天琴、毛南族花竹帽、黄昌典毛笔等。

　　为了推广网店和产品，运营人员需要制作一系列短视频来吸引更多的消费者群体。请同学们帮助运营人员策划短视频内容，并撰写好脚本，将撰写好的脚本写在表5-5中。

表 5-5　广西手作坊网店短视频脚本

镜号	景别	时长 / s	画面	台词	音效

步骤 4：拍摄短视频

短视频拍摄需要根据前期策划内容而定，小林此次拍摄的主题为展示分享，通过不同角度（如产品的采摘过程、单个产品特写）拍摄产品，以打造绿色、健康的产品形象。根据脚本内容拍摄所需素材，具体步骤如下。

1 准备拍摄设备

目前主要的拍摄设备有手机、微单 / 单反相机、小型云台类相机、无人机等（图5-25）。小林本次拍摄以手机为主，在拍摄之前，确保手机的拍摄功能正常，并且有充足的电量。

2. 选择场景

在拍摄短视频时，选择合适的场景是至关重要的。场景的选择不仅能够为视频内容增色，还能更好地吸引观众的注意力。场景主要分为室外和室内两种。室外场景通常能够展现更为广阔的空间和自然环境，给观众带来一种身临其境的感觉。室内场景则更多地用于展示产品的细节、制作过程或者与产品相关的文化、故事等。

本次小林以室外 + 室内场景结合的方式（见图 5-26）拍摄，室外场景选择上林八角种植区等，展示八角树在自然环境下的生长情况、采摘过程以及周边美丽的乡村风光；室内场景选择厨房或餐桌旁，展示八角的使用场景。

图 5-25　短视频拍摄设备

图 5-26　上林八角拍摄场景

3. 确定拍摄角度

根据脚本，小林确定本次拍摄的角度分别为产品正面近景特写和产品正面全景采摘过程。为了带给消费者良好的观赏体验，进而激发消费者的购买欲望，视频拍摄的产品以及画面中产品所处的背景都需要经过精心挑选，避免暴露瑕疵。例如，本次在拍摄上林八角特写时，将新鲜好看的八角堆叠排列在取景框中（见图 5-27），以突出上林八角的形态特征和美感。

（a）　　　　　　　　　　　　（b）

（a）人工采摘；（b）自然晾晒。

图 5-27　上林八角特写

4. 选择灯光

由于本次为室外拍摄，主要光源为自然光，不需要其他灯光设备。

5. 开始拍摄

打开手机相机，开始拍摄。根据脚本拍摄视频素材，在拍摄过程中，注意保持手机稳定，避免抖动。

步骤 5：剪辑短视频

为了让视频内容在呈现方式上更具艺术表现力，需要针对视频内容进行剪辑，这些剪辑工作既可以在 PC 端开展，也可以在移动端完成。小林选择剪映软件，并在移动端完成剪辑工作。具体操作步骤如下：

1. 打开 App，导入视频素材

点击下载到手机桌面的剪映 App，首先弹出一个登录界面，勾选"已阅读并同意剪映用户协议和剪映隐私政策"复选框，单击"抖音登录"按钮（见图 5-28）。

进入剪映首页［见图 5-29（a）］后，单击最上方的"开始创作"按钮，进入手机的照片视频库或者素材库选择素材，选中后点击右下角的"添加"按钮，即可完成视频素材的导入［见图 5-29（b）］。

图 5-28　剪映登录界面

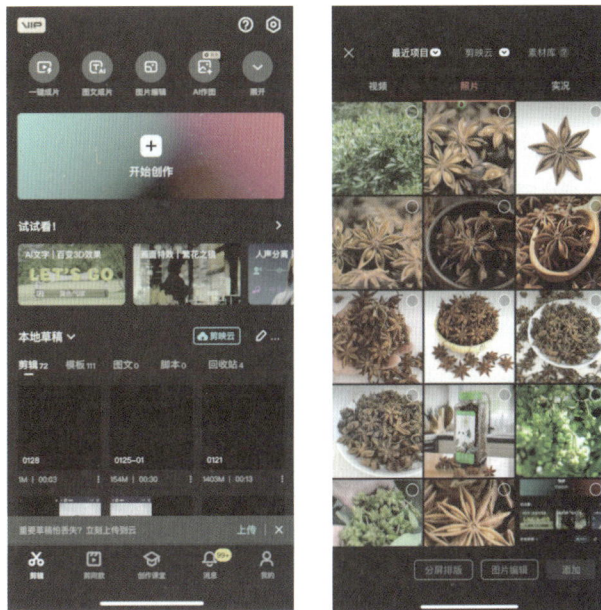

（a）　　　　　　　　　　（b）

（a）剪映首页；（b）导入视频素材。

图 5-29　剪映 App 界面操作

2. 剪辑视频

导入了视频素材后，就进入了视频剪辑页面［见图 5-30（a）］。滚动视频条，定位到需要处理的视频位置，点击下方工具栏中的剪刀图标，进入剪辑功能页面，下方会出现剪辑功能选项［见图 5-30（b）］，如分割、变速、音量、动画、删除、抠像、音频分离、编辑、滤镜、调节、美颜美体、蒙版、变声、倒放、定格等。

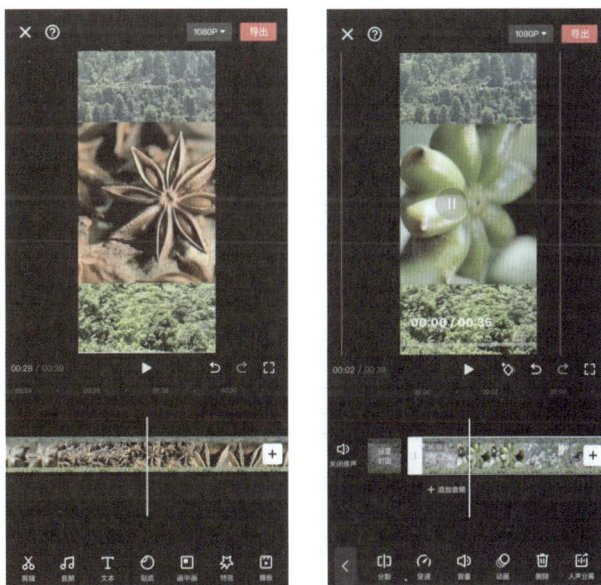

（a）　　　　　　　　　　（b）

（a）视频剪辑页面；（b）剪辑功能选项。

图 5-30　剪辑视频界面

3. 添加效果

剪辑完成后，制作人员就可以为已经剪辑好的视频添加其他效果，如音频、文本、贴纸、画中画、特效、滤镜、比例、背景等。图5-31为添加滤镜及特效效果界面，制作人员也可以根据实际情况及视频展现效果需要，选择添加其他效果。

4. 导出并发布视频

添加完成效果之后，单击右上角"导出"按钮，视频会保存到手机相册同时自动跳转至视频发布界面，接下来在发布界面，用户需选择视频发布的平台，如抖音或西瓜视频［见图5-32（a）］。在视频发布界面，可以选择设置封面，添加作品描述、标签等信息，最后单击下方的"发布"按钮即可［见图5-32（b）］。发布完成之后，点击首页下方的"我"，在作品列表中可以看到刚刚发布成功的短视频。

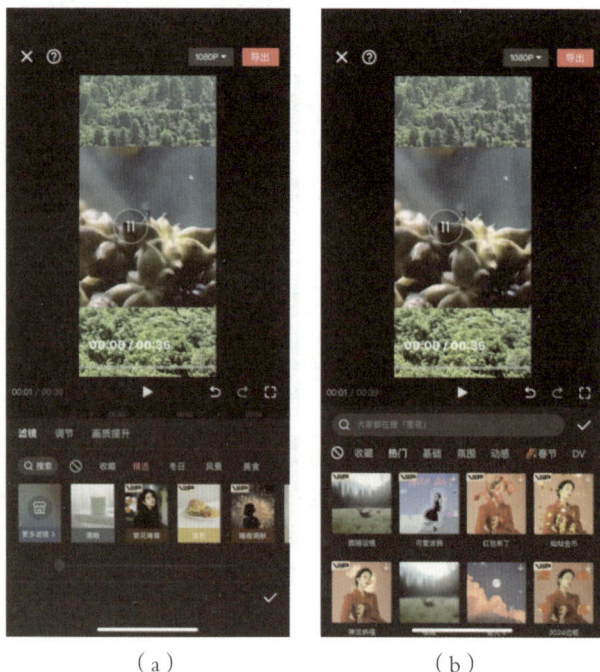

（a）添加滤镜效果；（b）添加特效效果。

图5-31 添加滤镜及特效效果界面

（a）选择发布平台；（b）添加作品描述信息。

图5-32 发布视频界面

行业故事

　　中国联通在某年春节通过短视频营销的方式，占领品牌营销声量高地，同时为全年的品牌声量传播活动打响了"开门红"。该短视频用一个最能代表"团圆"的符号——剪纸，用一抹耀眼的"中国红"唤醒了大众对于中国年的期待与共鸣。中国移动邀请了中国民间文艺家协会剪纸艺术委员会的中国五花剪纸第12代传承人张彦，以非遗剪纸技艺，创作品牌吉祥元素，并通过动画让非遗技艺"活"起来，带用户瞬间穿越到记忆中那个热闹的春节。

　　中国联通以一镜到底的运镜形式，将传统剪纸动画化，运用三大剪纸作品串联全片，呈现现代生活里的传统年味。

　　片段1：以瑞兔呈祥剪纸入画，呈现新春小家的温馨喜庆；借瑞兔视角由内及外推出镜头，呈现小家外街道"大家"的春节氛围。

　　片段2：以全景、特写等不同景别，将联通剪纸自然植入画面，将传统热闹集市融入现代繁华街道，传统拜年结合联通5G视频通话，呈现传统文化碰撞现代年味的全新体验。

　　片段3：画面聚焦收拢，"大家"回归"小家"，以联通logo（标识）剪纸画为媒介，配合大师背书，传递联通品牌祝福。

　　视频上线以来，中国联通成功地让上千万人再次感受到了传统剪纸文化的魅力，全网播放量超过1 000万，用户自发地为剪纸文化宣传，在感叹传统年味回来的同时，提出了自己宝贵的建议，同时献上了新春的祝福。

　　中国联通此次短视频营销活动通过将传统文化元素与现代科技相结合，创造出了独具特色的营销活动，不仅提升了品牌知名度和美誉度，还让人们更加深入地了解和欣赏了剪纸这一非物质文化遗产。

【案例思考】

　　阅读本案例后思考：中国联通是如何利用短视频平台进行有效的品牌营销？

任务回顾

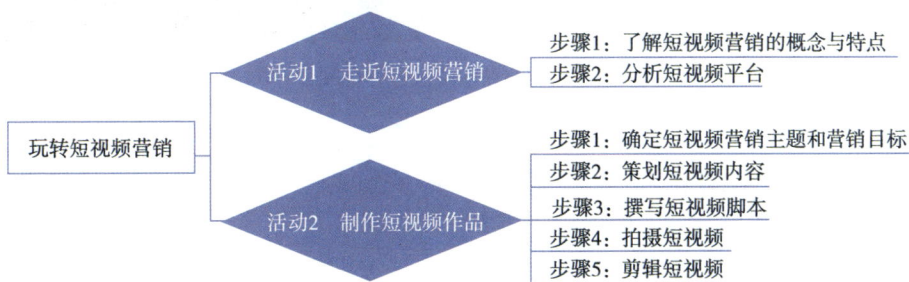

🅑 任务实训

短视频营销实训——探寻广西风味街的短视频营销

一、实训概述

本任务实训为短视频营销实训，学生通过该实训，不仅可以将理论知识应用到实践中，还能通过具体的短视频营销行动，感受广西源远流长的竹文化以及八桂人民的生活智慧。请学生根据以上所学知识，尝试完成短视频作品的制作。

二、实训素材

（1）智能手机或摄像机。

（2）视频剪辑软件（如 Adobe Premiere Pro、剪映等）。

（3）短视频平台（如抖音、快手等）。

三、实训内容

学生自由分组，并推选一名组长，由组长根据小组情况进行任务分工，最后以小组为单位针对实训背景进行实训操作。在实训中，教师指导并帮助学生完成实训内容。

四、实训背景

在广西一个古色古香的小镇，有一条闻名遐迩的"广西风味街"（见图5-33）。这条街道两旁林立着各式商铺，售卖着广西地道的特产和非遗手工艺品。每年的农历三月初三，这里会举办盛大的广西风味节，吸引众多游客前来品味地道美食、欣赏非遗技艺、购买特色商品。

图5-33　广西风味街

具体店铺与商品如下：

壮族锦绣坊：展示并销售壮族传统刺绣和锦绣制品，如壮锦围巾、绣花鞋垫等。这些锦绣制品图案精美，色彩鲜艳，融合了壮族的传统文化和审美。

桂林米粉店：制作并销售正宗桂林米粉，选用优质大米制作，搭配特色卤汁和各种配料，口感爽滑，味道鲜美，店内还有现场制作米粉的过程展示。

广西特产超市：售卖广西各地的特色农产品，如桂林腐乳、梧州龟苓膏、北海海鲜干货等，同时店内还设有"助农扶贫专区"，专门销售来自广西贫困地区的优质农产品，帮助农民增收。

非遗技艺体验馆：提供各种非遗技艺的体验课程，如壮族铜鼓制作、糖画、剪纸等。游客可以在这里亲手体验非遗技艺，感受传统文化的魅力。

学生以相关营销人员的身份，从短视频营销的角度出发，利用所学的理论和技能，以"探寻广西风味街的故事"为主题，制作一部短视频，展示广西风味街的独特魅力，重点介绍非遗技艺和助农扶贫的故事。

五、实训任务

1. 制订短视频作品制作计划

根据短视频营销主题和内容，制订一份详细的制作计划，包括策划、拍摄、剪辑、发布等环节的时间安排和人员分工，并填入表 5-6 中。

表 5-6　制订短视频作品制作计划

工作事项	工作内容	时间安排	人员分工

2. 确定短视频营销主题和营销目标

学生根据策划内容确定短视频营销主题和营销目标，将结果填写在表 5-7 中。

表 5-7　确定短视频营销主题和营销目标

事项	内容
短视频营销主题	
短视频营销目标	

3. 策划短视频内容

学生根据短视频营销主题及营销目标，策划和构思短视频营销内容。短视频内容策划主要参考 4 个维度：产品内容、产品卖点、视频场景及受众人群，将内容填写到表 5-8 中。

表 5-8　策划短视频内容

产品内容	产品卖点	视频场景	受众人群

4. 撰写短视频脚本

将策划好的内容转化为具体的分镜头脚本，填入表5-9中，为后续的拍摄和制作提供详细的指导。

表5-9　撰写短视频脚本

镜号	景别	时长/s	画面	台词	音效

5. 拍摄短视频

请按照制作计划及撰写的脚本进行短视频拍摄工作，并将短视频拍摄的流程填入下列方框中。

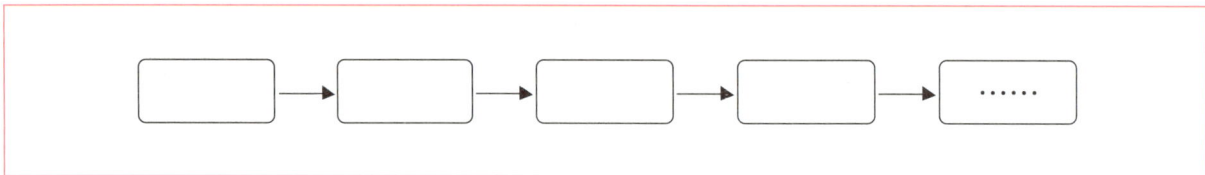

```
┌────┐   ┌────┐   ┌────┐   ┌────┐   ┌──────┐
│    │ → │    │ → │    │ → │    │ → │ …… │
└────┘   └────┘   └────┘   └────┘   └──────┘
```

6. 剪辑短视频

请使用视频编辑软件对拍摄的短视频进行剪辑和优化，并将短视频剪辑的流程填入下列方框中。

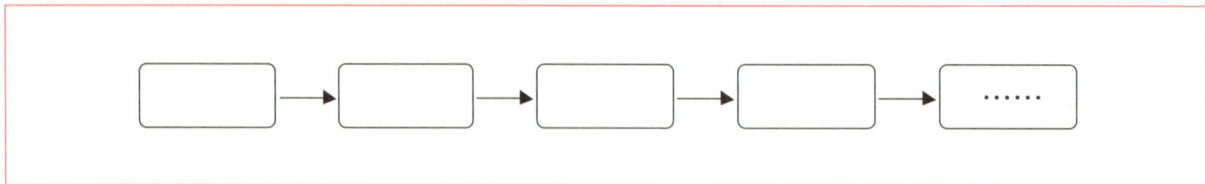

```
┌────┐   ┌────┐   ┌────┐   ┌────┐   ┌──────┐
│    │ → │    │ → │    │ → │    │ → │ …… │
└────┘   └────┘   └────┘   └────┘   └──────┘
```

7. 发布与分享

请选择短视频平台发布完成的短视频作品，将选择结果呈现在下方方框中。

□抖音
□快手
□微信视频号
□其他：_____

总结与反思：分析自己在实训过程中的优点和不足之处，总结经验教训，同时思考如何将所学知识和技能运用到未来的学习和工作中。

任务3 玩转直播营销

任务描述

随着短视频营销的成功，小林发现上林八角在网店的销售量有了显著的提升。为了进一步巩固和提升销售效果，小林决定在短视频的基础上，开展直播营销。他希望通过直播，与买家进行更加直接的互动，解答他们的疑问，分享更多关于上林八角的知识和故事。同时，小林也希望通过直播营销，能够吸引更多的潜在买家，进一步扩大产品的市场影响力。

为了做好直播营销，小林计划先了解直播营销的概念、模式以及常用的直播平台。他希望通过学习，为即将到来的直播活动做好充分的准备。小林相信，通过不断的尝试和努力，他一定能够将上林八角更好地推广给更多的买家，为网店带来更多的收益和口碑。

任务实施

活动 1 认识直播营销

在开展直播营销活动之前，需要对直播营销形成全面的认知。小林可以通过多种方式对直播营销进行初步的了解与认知。

搜一搜

搜索直播营销的发展历程，并完成表 5-10 的填写。

表 5-10 直播营销的发展历程

阶段	起止时期	代表事件

步骤1：了解直播营销的概念与优势

直播营销是以直播平台为载体，使用直播技术进行产品销售和推广的方式。直播营销是主播主导、观众参与、其他直播团队人员协作配合的一种活动。主播通过直播平台，以实时互动的方式向观众展示和介绍产品，并解答观众购物疑虑，以促进产品的销售。观众可以在直播过程中提问、评论和购买产品，与主播进行实时交流。其他直播团队人员则为直播的顺利实施提供不同程度的支持。

随着互联网信息技术的发展进步，直播营销现已成为企业推广宣传的一种新渠道，为企业带来了更多的销售机会和增长潜力。与传统销售方式相比，直播营销具有以下几个方面的优势：

1. 实时互动

直播营销可以通过直播平台实现实时互动，观众能够通过弹幕、评论等方式与主播进行互动交流，如提出问题、寻求建议、表达意见等，主播可以即时回答并提供个性化服务。这种实时互动增强了观众的参与感和信任感，有助于建立良好的购买关系。

2. 直观真实

直播营销可以通过实时视频展示产品，观众能够直观地了解产品的外观、功能和特点。同时，主播可以通过现场演示、产品试用等方式，让观众直接看到产品的真实效果，对产品有更深入的了解，提高购买的可信度。

3. 覆盖面广

在直播营销中，观众可以随时随地通过网络平台观看直播，无论身处何地都能参与购买。这种无地域限制的特点，使得直播营销的覆盖面更广，能够吸引更多的潜在客户，从而为企业带来更广阔的市场机会。

4. 促销多样化

直播营销可以通过直播平台提供多种促销手段，如限时折扣、限量特惠、赠品等。主播在直播过程中通过促销活动推广产品，可以营造购买的紧迫感和兴奋感。这种多样化的促销手段有助于吸引观众的注意力，增加其购买决策力。

5. 数据驱动

直播平台通常提供数据追踪和分析功能，数据分析人员可以通过数据分析工具监测、收集和分析观众的行为数据，如观看时长、转化率、互动次数等。通过数据驱动的方法，企业可以更好地了解销售效果和观众需求，并对直播内容和销售策略进行优化调整，从而提高销售业绩和观众参与度。

步骤2：熟悉直播营销的模式

直播营销根据主播身份的不同，主要可以分为商家自播和达人直播两种模式。

1. 商家自播

商家自播是指由商家自身或企业内部雇员担任主播，直接在直播平台上进行产品销售和推广的模式。商家自播的优势在于商家对自己的产品更加了解，能够更好地解答观众问题，建立信任，并推动产品销售。商家可以根据自身的品牌形象和销售策略定制直播内容，提升品牌认知度和用户忠诚度。此外，商家自播模式还可以更好地控制销售环节，提供完善的售后服务，包括库存管理、订单处理和售后服务等。

2. 达人直播

达人直播是指由具有一定影响力和粉丝基础的个人或社交媒体红人担任主播，对合作品牌产品进行销售和推广的模式。达人直播的优势在于达人通常具有较高的影响力和粉丝忠诚度，能够吸引大量观众关注和参与直播。通过与达人合作，企业可以借助达人的人气和影响力，快速扩大品牌知名度和市场覆盖范围。此外，达人通常具有一定的直播经验和销售技巧，能够更好地与观众互动，提高销售转化率。

步骤3：探索直播营销的平台

根据直播内容的侧重点，可以将目前市场上的直播平台分为电商类直播平台、教育类直播平台、娱乐类直播平台、游戏类直播平台和其他直播平台5种。

1. 电商类直播平台

电商类直播平台主要是带有消费目的直播平台，典型代表有淘宝、京东、拼多多等（见图5-34），多为电子商务平台推出的直播服务。

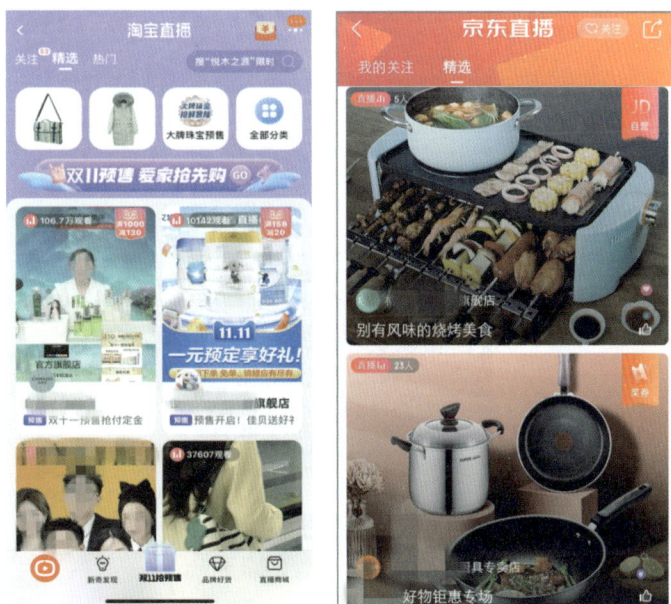

图5-34　电商类直播平台

2.教育类直播平台

教育类直播平台支持知识分享者采取视频直播或语音直播的形式与用户分享知识，在直播过程中，知识分享者可以与用户进行实时互动，针对用户提出的一些问题进行在线解答。教育类直播平台包括网易云课堂、千聊、荔课等（见图5-35）。

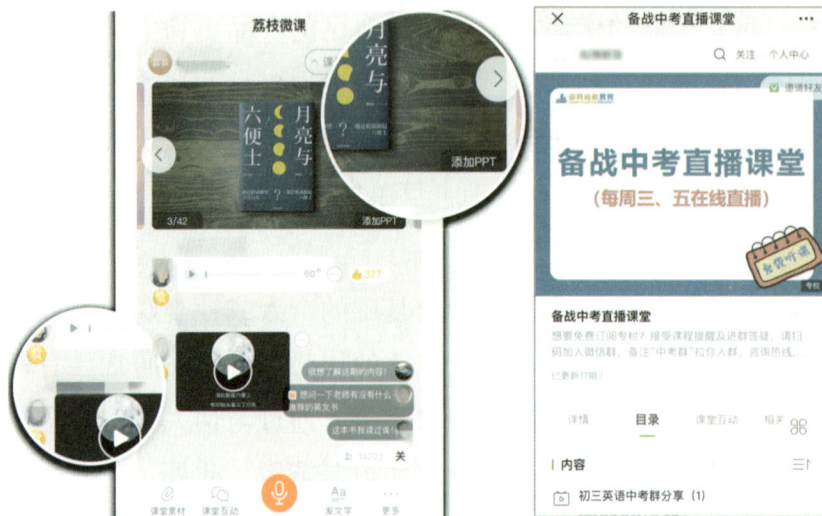

图5-35　教育类直播平台

3.娱乐类直播平台

娱乐类直播平台主要包括娱乐直播和生活直播两大类。其中，娱乐直播主要以主播卖萌、才艺展示、情感沟通等直播内容为主；生活直播主要以旅游、探店、出行等日常生活直播内容为主。目前市场上常见的娱乐类直播平台有抖音、快手等（见图5-36）。

图5-36　娱乐类直播平台

4. 游戏类直播平台

游戏类直播平台主要是针对游戏开展的实时直播。目前国内常见的游戏类直播用户主要集中在斗鱼、虎牙直播等（见图5-37）平台。

5. 其他直播平台

随着直播平台的发展，绝大多数直播平台并非是单一属性，会出现多维度定位，如花椒直播、映客直播等（见图5-38）。

图 5-37 游戏类直播平台

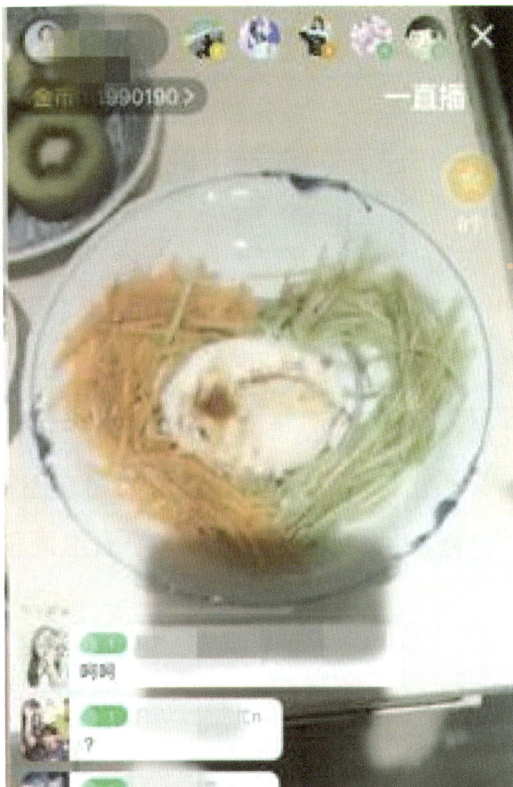

图 5-38 其他直播平台

步骤 4：开通直播账号

小林在综合考虑之后，选择在抖音平台上进行直播营销，直播前需要开通直播账号，具体步骤如下：

（1）在应用市场中搜索"抖音"关键词（见图5-39），下载抖音App，并完成安装。

（2）下载完成后，点击桌面的抖音App，进入抖音App首页，点击底部导航栏中的"我"进入登录页面（见图5-40），选择手机号登录或者其他方式登录，完成抖音账号登录。

图 5-39　下载抖音 App

图 5-40　抖音账号登录

（3）开通抖音账号之后，需要持续更新短视频内容，达到开通"电商带货"的条件。达到要求后，点击"我"页面右上角的列表图标，选择"抖音创作者中心"→"电商带货"，填写带货资质（图 5-41），最终享有电商带货权限。

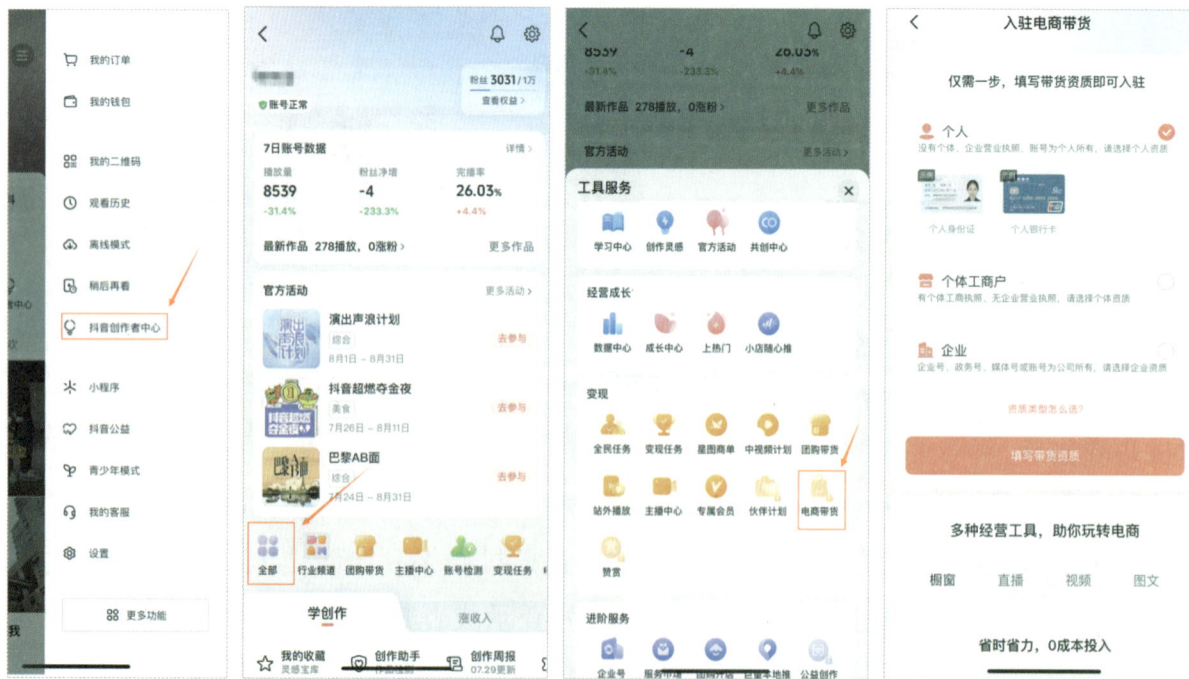

图 5-41　申请带货资质

（4）申请到带货资质后，返回到抖音 App 首页，点击底部导航栏中的"+"，选择"开直播"就可以开始直播了，在直播过程中，可以添加商品进行分享。

活动 2　开始直播营销

步骤 1：打开抖音直播

单击屏幕下方的"+"按钮，再选择"开直播"［图 5-42（a）］，即可看到直播前的准备界面［图 5-42（b）和图 5-42（c）］。

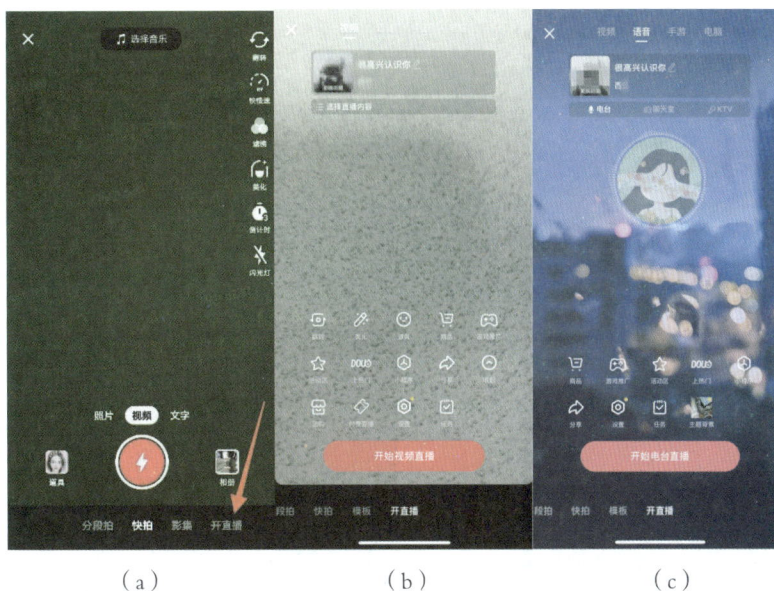

（a）　　　　　　　　　（b）　　　　　　　　　（c）

图 5-42　打开抖音直播

步骤 2：选择直播形式

通常直播形式分为视频、语音、手游、电脑直播，用户根据自己的需要进行选择。不同的直播形式呈现的页面有所不同，如图 5-43 所示。

图 5-43　选择直播形式

步骤 3：选择直播封面和标题

直播封面的设置：用户更换封面，可以看到"拍照"/"从相册上传"按钮（图 5-44），选择贴合直播内容的照片或真人照片，有助于吸引用户进入直播间。

直播标题的设置：点击头像旁边的文字输入框，进行直播标题文案的输入，标题要反映直播内容以吸引用户观看，字数在 10 个字以内。

步骤 4：选择直播内容

抖音直播内容主要分为音乐、舞蹈、聊天互动、户外、文化才艺、美食、知识教学及其他。每一大类下又有细分的类别，例如，要通过直播对商品进行营销，则选择直播内容→"其他"→"购物/电商"选项（见图 5-45）。

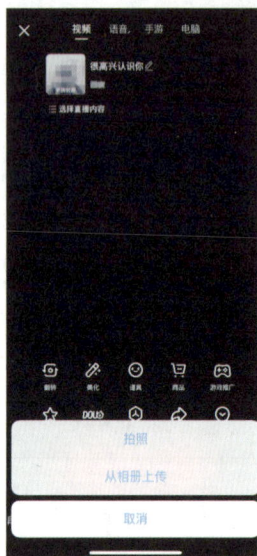

图 5-44　选择直播封面和标题

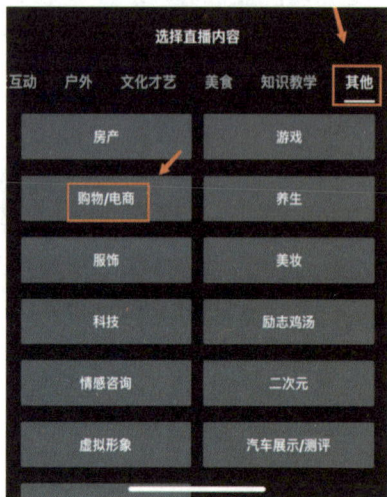

图 5-45　选择直播内容

步骤 5：上传商品信息

在上架商品前，商家需要填写商品的基础信息、图文信息、价格库存、服务与资质（见图 5-46）。在填写完所有信息后，单击"保存"按钮，商品就成功上架到了橱窗中。此外，商家还可以对已上架的商品进行排序和分组，以便更好地展示自己的产品。

图 5-46　上传商品信息

步骤 6：添加商品

如果先添加商品再开播，在开播前需准备页面，先单击"商品"按钮，添加商品橱窗内直播所需的商品（见图 5-47）。设置完成后，单击页面下的"开始视频直播"按钮，即可开始直播。

如果先开播再陆续添加商品，则在开播界面，先点击购物车图标，再点击"添加直播商品"按钮（见图 5-48）。

图 5-47　开播前添加商品

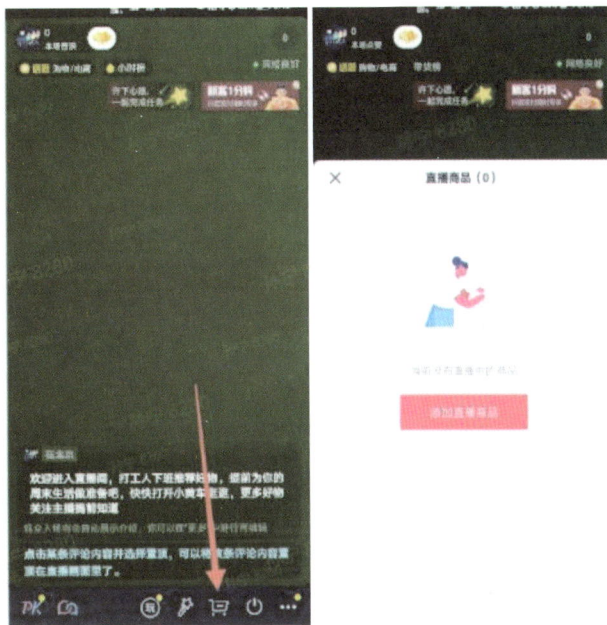

图 5-48　开播后添加商品

动手小练

请在快手平台上进行直播账号的注册，并将操作步骤的流程图填写在下方空白处。

知 识 链 接

2023 年 10 月，太二酸菜鱼联合抖音生活服务餐饮行业的平台级场景 IP "畅吃聚会日"，开启首场抖音直播。开播 12 小时销售额破亿，登上抖音团购带货榜第 1 名，并最终拿下 1.7 亿的销售额。不止如此，直播曝光次数超过 1.2 亿，品牌新增粉丝超 13 万人，联动周边卖出超过 15 000 个，达到了"品效销兼收"的效果。

这场直播在"#和老友约顿烟火气"的主题下开场。从主题里不难看出，此次合作场景调性定位是"烟火气"。产品是品牌对消费者的第一触点，也是营销场景构建的基点。这场具有烟火气的直播主推了两款极具烟火气的"街头菜"——宜宾莲花白回锅肉与成都大邑的热卤肥肠。源于川渝市井的菜品，还专门配备了市井化的场景推广。直播首秀复刻出川渝街区，布景里还设置了吆喝的店老板、小贩、食客和炒菜的店员等，还原了真实的市井烟火气。不同于多数餐饮直播的平铺直叙，太二用一场大型沉浸式直播，让观众更具现场代入感，不断强化着消费者的购买欲。

在这场太二与抖音生活直播的双向奔赴里，不仅能看到许多实用的营销创意和策略，更能看到策略之下餐饮行业的 IP 价值。

【案例思考】

阅读本案例后思考：如何通过直播营销打造品牌形象，提升品牌知名度和美誉度？

任务回顾

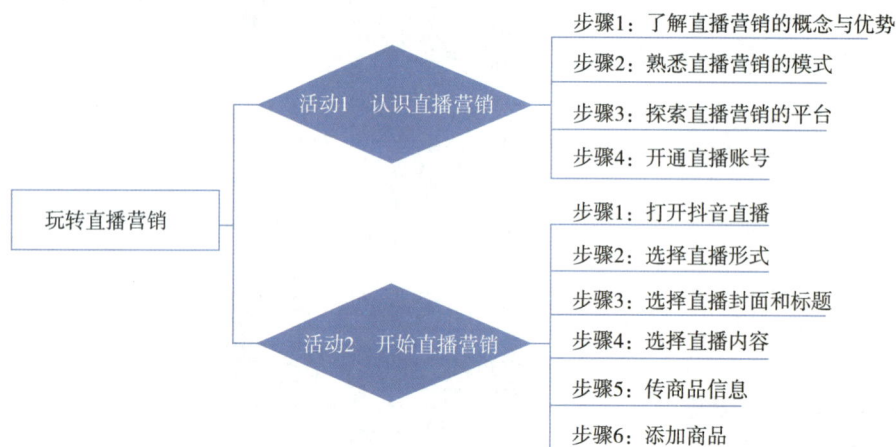

任务实训

直播营销实训——刘圩香芋的直播营销

一、实训概述

本任务实训为直播营销实训，学生通过该实训，不仅可以深入理解直播营销的理论知识，掌握直播营销的基本流程，还能通过具体的直播营销行动，培养实践能力和创新精神，为未来的职业发展奠定坚实的基础。

二、实训素材

（1）相关实训软件。

（2）智能手机实训设备。

三、实训内容

学生自由分组，并推选一名组长，由组长根据小组情况进行任务分工，最后以小组为单位针对实训背景进行实训操作。在实训中，教师指导并帮助学生完成实训内容。

四、实训背景

刘圩香芋（见图5-49）是广西壮族自治区南宁市的特产，主要产地在刘圩镇。该镇具有独特的气候和肥沃的油沙土壤条件，因此所产的香芋品质优良，具有个大、肉嫩、皮薄、纤维少、糖分多等特点，深受市场欢迎。

图 5-49　刘圩香芋

五、实训任务

1. 选择直播营销的模式

策划一场出售"刘圩香芋"的直播，选择需要的直播营销模式。

2. 选择直播平台

先选择直播方式，将选择结果呈现在下面的方框中，再选择直播平台并将选择理由填入表5-11中。

□商家自播
□达人直播

表 5-11　选择直播平台

选择的直播平台	
选择理由	

3. 开通直播账号

根据选择结果，完成直播账号的开通，获得开通直播的权限。

4. 进行直播营销

使用开通的直播账号开展一场直播。

总结与反思：分析自己在实训过程中的优点和不足之处，总结经验教训。同时，思考如何将所学知识和技能运用到未来的学习和工作中。

素养课堂

党的二十大报告指出："加快发展数字经济，促进数字经济和实体经济深度融合，打造具有国际竞争力的数字产业集群。"直播营销作为数字经济的典型代表，呼唤健康的营销环境。针对种种直播营销乱象，必须多方发力加以约束和规范。

治理直播营销乱象，重在加强监管。2021年4月，国家网信办、公安部等七部门联合发布《网络直播营销管理办法（试行）》（以下简称《办法》），把网络直播营销中"台前幕后"各类主体、"线上线下"各项要素纳入监管范围。有关部门要确保《办法》常态化、高效化实施，强化日常监管，依法依规惩处直播营销中的违法违规行为，进一步完善细化直播营销各项法规，切实堵住监管漏洞。

惩治直播营销侵权售假，重在强化打击。公安部提醒消费者增强自我防范意识。公安机关要进一步加大执法力度，持续开展线上线下巡查，严厉打击利用直播营销模式进行售假、实施电信诈骗等违法犯罪行为，维护消费者和企业合法权益，着力营造良好的网络购物消费环境。

规范网络市场秩序，重在行业自律。为直播营销提供服务功能的电商平台、短视频平台，必须健全平台管理规则制度，严把卖家和主播的"入口关"，引导主播严格遵守法律法规，不做虚假夸大和误导性宣传，杜绝以次充好、假冒伪劣和三无商品，并加强售后服务体系建设，畅通消费者维权通道，共同护航直播营销行稳致远。

项目评价

基于在本任务中的学习、探究及实训情况，进行学生自评、学生互评与教师点评，完成表 5-12 的填写。

表 5-12　项目评价表

考核内容	评价		
	学生自评	学生互评	教师点评
是否能正确阐述出音频营销的概念、特点及常见方式	□是 □否	□是 □否	□是 □否
是否能独立进行账号创建、音频录制与剪辑、发布等操作，并在音频营销中尊重并积极传播中华优秀传统文化	□是 □否	□是 □否	□是 □否
是否能阐述出短视频营销的概念及各平台的特点	□是 □否	□是 □否	□是 □否
是否能在遵守法律法规的前提下，撰写短视频脚本、拍摄短视频、剪辑短视频	□是 □否	□是 □否	□是 □否
是否能正确阐述出直播营销的概念与优势，列举出常见的直播营销平台	□是 □否	□是 □否	□是 □否
是否能独立进行直播账号的创建，开通商品橱窗权限，并顺利进行一场直播	□是 □否	□是 □否	□是 □否

功法篇：搞定全网营销

项目六 数据驱动电子商务营销

项目概述

　　随着互联网和移动技术的发展，用户的购物行为和偏好不断变化，商家需要通过数据分析来了解用户的需求并制定相应的营销策略。通过收集和分析用户的数据，商家可以更好地了解其购买习惯、喜好和行为模式，而这些数据可以帮助商家更精准地定位目标受众，提高用户体验，从而增加销售额和用户忠诚度。

　　本项目分别从实现网店精准引流、打造网店爆款商品两个方面展开讲解，使读者掌握数据驱动电子商务营销的关键知识点，深入了解网店流量来源与构成、网店引流的方法以及明确网店打造爆款商品的方式，从而掌握更符合时代特性的网络营销方式，在不断变迁的时代洪流中始终保持竞争力。

项目预览

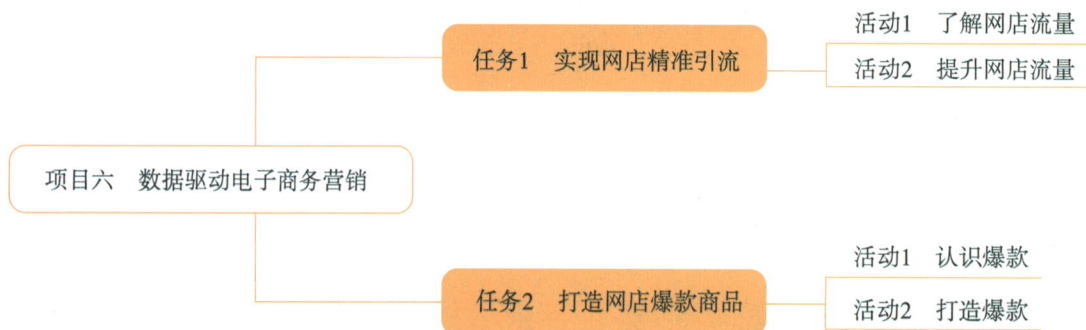

项目六 数据驱动电子商务营销

任务1 实现网店精准引流
　　活动1 了解网店流量
　　活动2 提升网店流量

任务2 打造网店爆款商品
　　活动1 认识爆款
　　活动2 打造爆款

项目目标

知识目标

1. 了解网店流量的概念及来源；

2. 熟知网店流量指标；

3. 理解爆款的定义与特点；

4. 熟悉爆款对网店的整体影响；

5. 理解爆款形成的关键因素。

能力目标

1. 能够进行网店流量分析；

2. 能够根据提升网店流量的方法，利用各类工具进行精准引流；

3.能够根据爆款打造的方法进行爆款商品打造。

素养目标

1.具备数据安全和隐私保护的意识，能够在进行电子商务营销的过程中，合法、合规地使用数据；

2.具备创新意识，能够在进行电子商务营销的过程中进行营销方法和模式的创新。

引导案例

完美日记：国货品牌的流量运营

完美日记是广州逸仙电子商务有限公司旗下品牌，成立于2017年。它是一家专注为新生代女性提供高品质、精设计、易上手彩妆及护肤商品的美妆品牌，立志成为具有国际影响力的中国美妆品牌。

完美日记非常重视私域流量的运营。它通过两种方式构建私域流量池：一是通过线下门店，引导用户添加微信号"小完子"；二是用户在线上购买后，收到的包裹里会有一张"红包卡"，通过给予红包福利的方式，引导用户添加小完子为好友，并进一步引导其加入"小完子玩美研究所"群。

目前，完美日记已经形成了一套完整的分层投放体系，包括聘请流量明星为系列单品推广大使，美妆KOL（关键意见领袖）通过社交平台分享或直播等方式引导话题和潮流，以及大量KOL通过亲身体验的内容分享，直接促进购买的转化。

另外，完美日记采用了多种内容推广方式，包括素人推广、KOL推广和明星效应。素人推广增加了用户信任度，KOL推广使得许多旁观的用户成为品牌的忠诚粉丝，而明星效应则通过邀请知名明星推荐商品，大大提升了品牌的知名度。

（资料来源：品牌大课堂）

【问题思考】

网店推广已经进入千人千面、人群标签时代，店铺推广的精准度要求越来越高。商家只有更加明确流量获取的方式，确定引流方向，才能更好地利用工具引入更多流量，提升店铺的销售额。根据案例，思考以下几个问题：

1.完美日记如何通过流量的运营提升用户的品牌忠诚度？

2.完美日记的分层投放体系是否实现了预期的营销效果？具体体现在哪些方面？

任务1　实现网店精准引流

任务描述

小明作为土生土长的广西人，热爱探索广西特产的独特魅力。大学毕业后，小明在淘宝平台上开设了一家专卖广西特产的淘宝网店，如柳州螺蛳粉、桂林米粉、铁皮柿子等。网店经营了一段时间，由于淘宝平台竞争激烈，网店平台的流量获取十分艰难，效果也并不理想。为了解决这个问题，小明决定展开学习，了解在数据时代的背景下，如何有效获取流量，顺利销售商品。

任务实施

活动1　了解网店流量

为了实现网店精准引流，需要对网店流量形成全面的认知，小明需要通过多方面对网店流量进行初步的了解与认知。

搜一搜

搜一搜电子商务的发展历程，并完善表6-1。

表6-1　电子商务的发展历程

发展阶段	时间	具体成果
萌芽阶段		
兴起阶段		
爆发式增长阶段		
成熟与多元化阶段		

小提示：

萌芽阶段（1993—1999年）：网上购物进入实际应用阶段。兴起阶段（2000—2007年）：电子商务企业快速崛起。爆发式增长阶段（2008年至今）：电子商务开始优化和细分。成熟与多元化阶段（当前至未来）：技术创新、跨界融合、全球化发展。

步骤 1：理解流量的概念

流量是网店能否在电子商务竞争中存活下来的关键。即使是品质优良的商品，如果没有流量，也可能无人问津。因此，如何引流成为商家迫切需要解决的关键问题。面临着同等困境的小明，决定从了解流量的概念开始，希望能为后续的精准引流打下坚实的理论基础。小明作为一位新手商家，可以通过各类专业书籍、在线学习资源、课程、社交媒体、线上培训等渠道获取知识，并结合自己的实践经验进行深刻理解。

知识链接

　　网店流量指的是访问网店的用户数量，也可以理解为网店的访问量或者曝光量，它是衡量网店运营状况的指标之一，因为流量的大小直接影响着网店的曝光度、知名度和销售量。一般来说，流量越大，网店的曝光度和知名度就越高，吸引的潜在用户也就越多，从而有助于提升网店的销售业绩。网店流量受多方面因素影响，如商品质量、商品描述、商品图片、网店设计、用户服务及推广设置等内部因素，也会受到诸如市场竞争、法律法规和平台规则等外部因素的影响。

步骤 2：分析网店流量构成

在了解了网店流量的概念之后，小明认识到，由于流量来源的不同，网店流量被细分为多种类型。为了在实际网店经营中更有效地吸引目标流量，他需要深入了解这些流量的具体来源及其所代表的意义。以他所在的淘宝平台为例，网店流量主要可分为两大来源。

1. 站内流量

站内流量是指通过淘宝平台以免费或付费的方式，从各个流量渠道获取的流量，分为淘内免费流量和淘内付费流量。

（1）淘内免费流量

淘内免费流量主要包括搜索流量、推荐流量、直接流量等。其中，搜索流量指用户通过搜索关键词进入网店的流量，这种流量通常具有较高的精准性和购买意向，是网店流量的重要组成部分；推荐流量指通过平台的推荐算法，将商品推送给可能感兴趣的用户所产生的流量，推荐流量主要展示的位置是"猜你喜欢""发现好物"等商品推荐位，图 6-1 所示是小明在淘宝平台上找到的推荐流量展示位，这种流量通常基于用户的浏览历史、购买记录等行为数据进行推荐，具有较高的个性化和精准性；直接流量指用户直接输入网址或通过收藏夹等方式进入网店的流量，这种流量通常来自已经对网店有一定了解或信任度的用户，因此转化率相对较高。

图 6-1　淘宝推荐流量展示位

（2）淘内付费流量

淘内付费流量主要是流量推广工具带来的流量，比如直通车流量、引力魔方流量、淘宝联盟流量等。

直通车是一种以"文字＋图片"的形式展现在搜索结果页面中，希望实现精准推广的工具。直通车在推广某款商品时，可以通过精准的搜索匹配给网店带来优质的用户，同时，进入网店的用户极易产生一次或多次的流量跳转，促成店内其他商品的成交。引力魔方是专门为淘宝商家提供图片类广告竞价投放服务的平台，通过图片创意吸引用户点击，以获取巨大的流量。引力魔方的计费单位为每次浏览单价，商家可以根据地域、访客和兴趣点等多个维度设置定向广告的投放。淘宝联盟是一种按成交计费的推广模式，属于效果类广告推广。淘宝联盟按照实际的交易完成量计费，即用户确认收货后才进行计费。

2. 站外流量

站外流量是来自淘宝下属各个平台之外的流量，比如从百度、微博、抖音、快手、小红书等网站导入网店的流量。站外流量对于淘宝商家来说越来越重要，许多新手商家最困扰的就是如何获取站外流量。小明发现，站外流量和站内流量一样，都可以细分为免费和付费两种。

（1）站外免费流量

站外免费流量指商家通过各种免费的方式在淘宝以外的网站或平台上进行宣传推广所带来的流量。例如，小明可以在微博、QQ空间、论坛等社交媒体或网络社区发布产品信息或活动推广，吸引潜在用户点击进入店铺或商品详情页。这种流量不需要小明直接支付费用，但通常需要投入一定的时间和精力来维护和管理。

（2）站外付费流量

站外付费流量则是商家通过付费的方式在淘宝以外的广告平台或媒体投放广告所带

来的流量。例如，小明可以选择在百度、搜狗等搜索引擎上投放关键词广告，或者在其他电商平台、门户网站等投放展示广告。这种流量需要小明支付一定的广告费用，但通常可以更快吸引潜在用户的关注并带来更多的流量。

在了解流量来源后，小明想要具体了解自家网店的流量情况，于是他统计了网店某一天的流量数据，制成了饼图，如图6-2所示。从中可知，小明的网店大部分流量来源于付费流量，占全部流量的76%，其次是站内流量，占比11%，再次是自主访问流量，占比9%，最后是站外流量，占比4%。小明因此了解到自己网店的流量来源比较丰富，但是流量结构严重失衡，绝大部分流量来自付费流量，网店的推广成本过高；自主访问流量占比过少，这也在一定程度上揭示了网店不尽人意的原因。

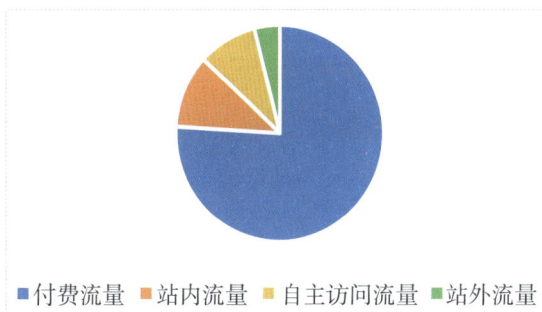

图6-2　网店流量占比

步骤3：明确数据指标

经过对自身网店流量来源的分析，小明意识到网店流量存在一定问题。为了深入探究问题的根源，实现更为精准的引流，他还需要掌握各类数据指标，并运用这些数据进行深入分析。通过这些数据，他将能够更准确地了解网店的运营状况，从而指导网店进行更有效的投放和效果评估。

知识链接

（1）网店访客数。网店访客数（Unique Visitor，UV）是指通过互联网访问某个网店的自然人的数量。一个独立的IP地址访问同一个网店只能产生一个UV，在24小时内，同一个IP地址只会被记录一次，所以，同一个IP地址的UV在24小时内无法累加或累减。

（2）网店浏览量。网店浏览量（Page View，PV）是指通过互联网浏览网店页面的自然人数量。一个独立的IP地址浏览网店的不同页面可以产生多个PV，如淘宝用户进入淘宝网店首页后，看了3个不同的商品，且每个商品有一个页面，那么，该淘宝用户对网店就产生了4个PV（首页的PV和3个商品的PV）。

（3）点击率。点击率（Clicks Ratio）是指淘宝用户在浏览网页时点击进入网店的次数与总浏览次数之比。商品的点击率越高，证明网店商品对用户的吸引力越强。

（4）跳失率。跳失率（Bounce Rate）是指淘宝用户通过相应的入口访问网店，只访问了一个页面就离开的访问次数与该页面的总访问次数之比。

（5）访问深度。访问深度是指淘宝用户一次性浏览网店页面的数量，PV和UV的比值。

（6）转化率。转化率是指网店最终下单访客数与当天PV的比值。

小明已经深刻认识到，网店流量的来源并非单一，而是由多个渠道共同形成的。为了评估网店流量的健康状况，并进一步判断是否需要调整引流策略，他需要对细分流量的组成进行详细的分析。小明进入了网店后台，下载了付费流量、淘内免费流量、自主访问流量3种细分流量的数据，并将其整理到 Excel 表格中，以便进一步分析，如表6-2 ~ 表6-4所示。

表6-2　付费流量

流量来源	访客数	下单转化率
淘宝联盟	9 820	16.89%
引力魔方	672	0%
直通车	34	0.45%
其他	1	0%

表6-3　淘内免费流量

流量来源	访客数	下单转化率
手淘推荐	2 134	11.03%
手淘搜索	1 345	8.61%
淘内其他免费	304	5.01%
淘宝直播	76	3.67%
订阅	65	1.01%
问大家	45	7.34%
有好货	31	1.90

表6-4　自主访问流量

流量来源	访客数	下单转化率
我的淘宝	989	3.40%
购物车	871	12.89%
淘口令分享	12	40.03%

接下来，小明以流量来源、访客数和下单转化率为数据源进行分析，为了更好地展示和分析这些数据，他还创建相应的图表，以便更直观地了解网店流量的构成和转化情况，各来源情况如图6-3 ~ 图6-5所示。

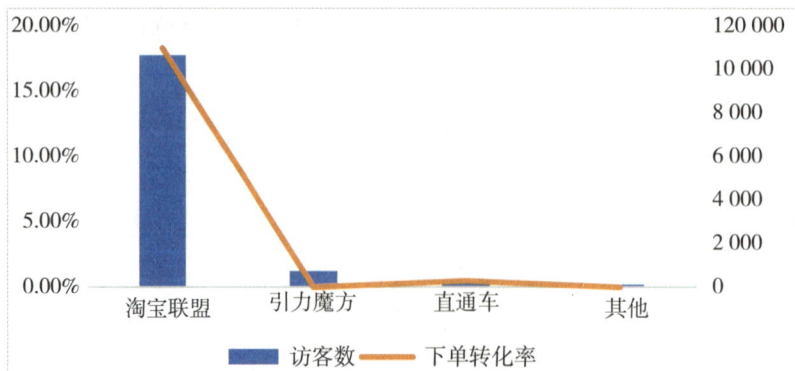

图6-3　淘内付费流量访客数与转化率对比

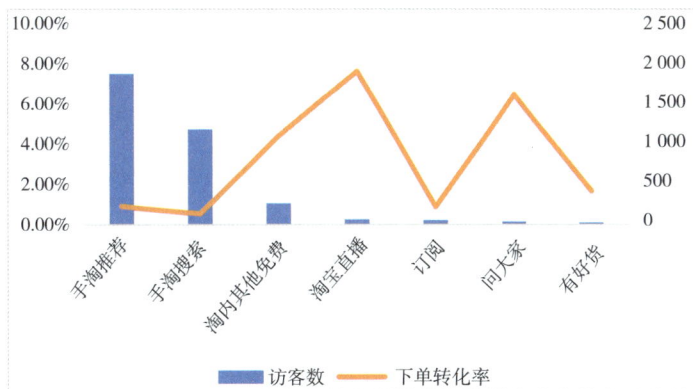

图 6-4　淘内免费流量访客数与转化率对比

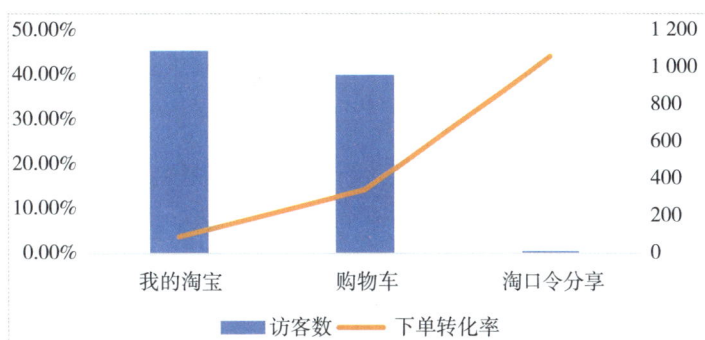

图 6-5　自主访问流量访客数与转化率对比

经过分析可知，小明所经营的网店淘内付费流量中淘宝联盟下单转化率最高；淘内免费流量中手淘推荐、手淘搜索流量表现不错；自主访问流量中淘口令分享的下单转化率最高，是比较优质的引流渠道。

动手小练

以下方提供的网店流量数据（表 6-5、表 6-6）为基础，进行网店流量分析，将制作好的图表和分析内容提交给老师。

表 6-5　淘内流量

流量来源	访客数	下单转化率
手淘推荐	1 563	12.30%
手淘搜索	1 234	10.80%
问大家	323	19.00%
购物车	242	20.10%
淘口令	23	41.50%
引力魔方	9 871	3.00%

表 6-6　淘外流量

流量来源	访客数	下单转化率
贴吧	234	4.10%
论坛	478	5.80%
微博	345	3.45%
微信	215	2.67%
百度	5 487	2.10%

活动 2 提升网店流量

小明通过前期的学习与积累，明确了流量对于网店生存的重要性，也通过数据分析的方式发现了网店流量存在的不足。为此，他决定进一步进行流量优化，以实现精准引流的目标。经过对各种流量来源的数据分析，他发现推荐流量、搜索流量和淘宝联盟的转化数据相对较高，于是决定重点改善这几个渠道的流量情况，以改变网店的整体流量状况。

步骤 1：改善搜索流量

淘宝搜索流量在淘宝流量来源中占据比较重要的地位，不仅是一种免费流量，还能够给网店带来较高的转化率和成交率，优化搜索流量有助于提升商品在站内搜索结果中的排名，对于提升商品点击率、增加网店人气有重要影响。

淘宝搜索功能通过对用户的搜索行为进行分析，推断出用户的真正需求。一般用户在淘宝平台进行搜索商品时，会利用关键词搜索需要的商品，而淘宝平台则会根据用户输入的关键词为用户打上消费标签，并将与关键词相关的商品推荐给用户，甚至会在用户下一次搜索时优先推送与关键词有关的商品，网店和商品大部分自然流量就来源于此。

小明了解到，在淘宝平台中，搜索排名越靠前的商品，获得的展示机会越多，得到的流量也就越多。因此，他认为要实现精准引流，首先要优化搜索流量。

搜索流量主要来源于商品标题，而商品关键词由多个关键词构成，因此优化关键词是获取搜索流量的一个重要途径。如输入"广西特产"，在搜索结果中，所有商品的标题都包含"广西""特产"或与之相关的词语，如图 6-6 所示。

图 6-6 关键词搜索

为了增加商品被更多用户搜索到的概率，小明研究了商品标题的关键词组成。为了更准确地了解用户习惯使用哪些关键词进行商品搜索，小明在手机淘宝平台上输入了"广西特产"等关键词进行搜索，并观察了淘宝提供的搜索词建议，如图 6-7 所示。小明

发现搜索词基本分为两种类型，分别是"广西特产 + 商品名"和"广西 + 具体地方特产 + 商品名"，于是他将网店的商品标题都调整为了"广西 + 具体地方特产 + 商品名 + 商品属性"的形式，以提高商品的搜索曝光率。

图 6-7 淘宝搜索词建议

除此之外，为节省用户时间，淘宝平台为用户提供个性化搜索功能，用户可以根据个人需求筛选商品的品牌、款式、面料、风格等，如图 6-8 所示。

图 6-8 个性化搜索

个性化搜索带来的用户定位更加精确，对于提高网店流量的转化率有着重要意义。小明计划在之后进行个性化属性分析，为商品挖掘并应用热门属性，使商品出现在个性化搜索中。

步骤 2：获取推荐流量

推荐流量指平台根据用户的兴趣、行为、标签等信息，将相关内容推荐给用户的流量。在淘宝中，推荐流量主要体现在首页的"猜你喜欢"等模块，包括微详情、短视频、直播等多种渠道，以及购物车内、订单列表页等各页面的"你可能还喜欢"模块。这些推荐内容旨在满足用户的购物需求，激发用户的潜在需求，并提升用户的购物体验。小明通过观察近几年的"双 11"大促活动，发现淘宝平台的推荐流量已经渐渐超过搜索流量。而且，他通过流量分析了解到，自身网店推荐流量的转化率表现优秀，属于优质的引流渠道。因此，他开始进行网店推荐流量的优化，具体内容如下：

1. 优化商品信息

商品信息是用户了解产品的首要途径，因此，确保商品信息的准确性和吸引力至关重要。首先，商品标题应包含关键词，这些关键词应与用户的搜索意图相匹配，从而提高商品在搜索结果中的曝光率。小明通过前文的探索将商品标题已经调整为"广西＋具体地方特产＋商品名＋商品属性"的形式。

其次，商品描述应详细、准确，突出产品的特点和优势，为用户提供足够的信息以便做出购买决策。于是，他对店内的主推商品螺蛳粉进行了调整，从选材、酱料、风味以及便利性等角度出发，重新撰写了网店螺蛳粉的商品描述，突出了商品原料讲究、风味地道以及食用方便等特点。

2. 优化商品图片

商品详情页对用户是否决定购买有着十分重要的影响，因此，小明从图片质量入手，重新拍摄了所有商品图片，保证图片高清且能够引人注意，如图6-9所示，从多角度展示商品细节，并交给网店的美工进行进一步精修。

图6-9　高清的商品图片

3. 提高商品权重

商品权重是影响推荐流量的重要因素之一。在手淘推荐系统中，权重较高的商品更容易获得曝光机会。因此，提高商品权重是获取推荐流量的关键。于是小明分别从促销活动、优质服务以及引导评价等方面进行权重提升。首先，他决定定期开展促销活动，如限时折扣、满减优惠等，吸引用户购买，提高销量。其次，他对网店的客服进行再次培训，保证客服能够给用户提供优质的售前、售中和售后服务，及时解决用户的问题，提高用户满意度，增加好评率。最后，他主动引导购买过的用户发表评价，尤其是带有图片和视频的评价，增加商品的可信度。

步骤3：选择合适的付费推广

经过对推荐流量的优化，网店的流量状况明显得到了改善。然而，小明深知仅靠免费流量是难以维持网店的日常经营的，于是他积极采取行动，通过官网查询、资料搜索、书籍阅读等方式，全面了解了淘宝平台主流的付费推广方式，对各种工具进行分析之后，选择最适合自己的付费工具来进行网店推广。在这个过程中，他重点关注了淘宝联盟、直通车以及万相台三种推广工具。

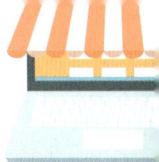

知 识 链 接

（1）淘宝联盟。淘宝联盟是按成交量付佣金的推广工具，通过商家自运营工具、确定性服务商、内容渠道解决方案等多样化的商品能力，满足商家全场景营销需求。

（2）直通车。直通车是按单次点击付费的营销推广工具，它是由阿里巴巴平台推出的一种搜索竞价排名系统。当用户搜索的关键词与商品推广设置的关键词相匹配时，商品即可展现，因此能够将商品精准地展现给有需求的消费者，给商家带来大量的精准流量。

（3）万相台。万相台是一款智能化推广工具，从商家营销角度出发，围绕消费者运营、货品运营、活动场景、内容营销四大不同需求，整合了搜索、推荐信息流的各种资源位，通过算法智能推广，获取不同渠道匹配人群的流量，从而提高推广效果，降低商家的操作成本。

为了更直观地了解各类工具的特点和优劣势，他精心整理了一份表格，如表6-7所示，以便进行深入的对比分析。

表 6-7　付费推广工具的对比

推广工具	优势	劣势
淘宝联盟	1.成本可控：商家只在成交后支付佣金，可灵活调整佣金比例 2.流量来源丰富：可触及不同平台的人群，拓宽流量渠道 3.私域推广转化率高：适合社群、达人等私域场景推广	依赖淘宝客推广，可能面临淘宝客资源不稳定或质量不一的问题
直通车	1.精准流量：根据用户搜索关键词和购买意向展示宝贝 2.高效转化：流量精准，容易产生购买行为 3.实时性高：后台实时反馈数据，便于调整和优化推广计划	竞价成本高，可能增加推广费用
万相台	1.智能化：算法智能化实现人、货、场的最佳配置 2.资源丰富：多资源协同，可在多个渠道展示 3.操作简单：一键完成投放计划，降低人力成本	智能化算法可能不完全符合商家特定需求，需要一定适应期

由于小明的网店新开不久，推广预算相对有限，经过深入对比各种推广工具的特点和优劣势，他决定采用淘宝联盟作为获取付费流量的主要途径。在推广策略上，小明采取了以下三个关键步骤：

第一步，选择优质商品。

小明深知商品本身的质量是直接影响推广效果的核心因素，无论是在淘宝联盟还是在其他推广工具中，这一点都至关重要。因此，他选择了市场上具有竞争力的热销商品进行推广，以吸引更多用户的注意力并激发他们的购买意愿。

第二步，设置推广计划。

小明选择了营销计划，营销计划是商家在淘宝联盟后台进行单品推广的计划。在该计划下，商家可以自定义设置需要推广的单品，也可以进行优惠券的设置、佣金设置、推广时间管理等。小明登录千牛卖家中心，在首页左侧菜单栏找到"推广"按钮，如图6-10所示。单击按钮，进入推广中心下拉列表，找到底部的"淘宝联盟"按钮，如图6-11所示，单击后进入淘宝联盟推广页面。

图 6-10　登录千牛卖家中心首页　　　　图 6-11　找到"淘宝联盟"按钮

接着小明在"营销计划"页面单击"添加主推商品"按钮，如图6-12所示。

图 6-12　单击"添加主推商品"按钮

接下来进入添加主推商品页面，小明输入了所选择的商品ID后，单击"确认"按钮。选择需要主推的商品后，小明需要按照要求设置推广时间和佣金率。为了观察营销效果，他将时间设置为7天，想要通过一周的观察，决定是否调整营销计划。随后小明了解到，营销计划的佣金率一般控制在 3% ～ 50% 之间。小明在网络上进行了搜索，发现佣金率在 15% ～ 20% 之间时，淘宝客跟商家得到的利润比例接近 2：1，这个比例比较适合新网店。因此，他将佣金率设置为 18%，计划根据效果进行调整，如图 6-13 所示。

图 6-13　设置推广时间和佣金率

第三步，筛选合适的淘宝客。

常见的淘宝客主要有官方淘宝客、媒体淘宝客、活动淘宝客、达人淘宝客等，商家需要积极了解，选择合适的淘宝客进行推广。

知识链接

（1）官方淘宝客。官方淘宝客主要是通过淘宝官方渠道进行推广的淘宝客。这类淘宝客利用淘宝官方活动、计划推广等方式进行产品推广。商家可以设置推广计划，综合不同的推广方案，借力官方渠道进行产品推广。

（2）媒体淘宝客。媒体淘宝客主要是在浏览器、插件、网站等渠道中进行推广。这类淘宝客推广通常不需要商家进行太多操作，商家需要关注在这些媒体上的推广效果，并根据效果调整推广策略。

（3）活动淘宝客。活动淘宝客主要是通过参与淘宝或第三方平台的活动来进行推广。这类淘宝客会在淘宝 App、社交媒体、社群等平台上发布活动信息，引导消费者参与活动并购买商品。商家需要提供有吸引力的活动奖品或优惠，以吸引更多的消费者参与。

（4）达人淘宝客。达人淘宝客主要由活跃在淘宝平台上的购物达人组成。这些达人通常有自己的粉丝群体，他们会分享自己购买、使用的商品，并附带推广链接。当粉丝通过推广链接购买商品时，达人可以获得佣金。商家需要寻找与自己产品相关的达人进行合作，以提高产品的曝光率和销量。

小明了解到各类淘宝客的特点之后，确认自己通过淘宝官方渠道进行推广计划的设置很正确，后续借力官方渠道进行商品推广即可。

行业故事

韩都衣舍是一家典型的使用淘宝客进行推广的电商品牌，它以"韩风快时尚"为品牌定位，注重产品的款式、质量和价格等方面的优势，打造出了独特的品牌形象。这种差异化的品牌定位使韩都衣舍在竞争激烈的市场中脱颖而出，吸引了大量追求时尚、注重品质的消费者。另外，韩都衣舍在社交媒体平台上积极开展营销活动，通过发布时尚穿搭、新品推荐等内容吸引用户的关注。它与一些知名时尚博主、网红进行合作，邀请他们试穿、代言产品，并通过他们的社交媒体账号进行推广，从而吸引更多的潜在消费者进入店铺。定期举办各种促销活动或限时折扣等营销活动，吸引用户的关注和购买。同时还会根据节日、季节等时间节点推出相应的主题活动，增加用户的参与度和黏性。

【案例思考】

阅读本案例后思考：该品牌获得成功的主要原因是什么？

任务回顾

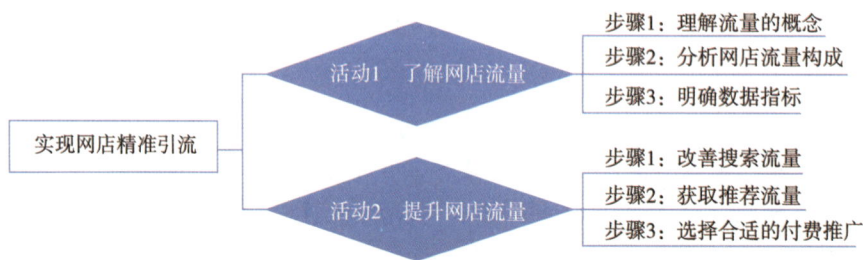

任务实训

网店引流实训——玉林牛巴的网店引流

一、实训概述

本任务实训为网店引流实训，学生通过该实训，不仅可以将理论知识应用到实践中，还能通过具体的电子商务活动，学习如何提升广西特产网店的流量和销量，同时为当地农业发展和文化传承做出贡献。

二、实训素材

（1）相关实训软件。

（2）智能手机实训设备。

三、实训内容

学生自由分组，并推选一名组长，由组长根据小组情况进行任务分工，最后以小组为单位针对实训背景进行实训操作。在实训中，教师指导并帮助学生完成实训内容。

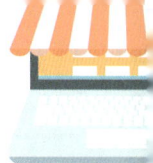

四、实训背景

随着电子商务的飞速发展，网店之间的竞争日益激烈。广西作为中国的一个自治区，拥有丰富的特产资源，如螺蛳粉、玉林牛巴、桂林米粉、荔浦芋头等，这些特产深受用户喜爱。尤其是玉林牛巴，香味浓郁，咸甜适口，鲜美爽口，韧而不坚，具有"甘香味道妙"的特点，是玉林最负盛名的传统特色风味小吃（见图6-14）。但是，作为中国国家地理标志产品，其知名度却远不及其他产品。为了将玉林牛巴销往全国各地，当地商家尝试在网络上开设网店进行销售。然而，如何让更多的人了解和购买广西特产，成为摆在网店面前的一大挑战。因此，进行流量推广，提高网店知名度和曝光率，成为当务之急。广西拥有丰富的地方文化，这些文化元素与特产紧密相连。通过网店推广广西特产，可以让更多的人了解和认识广西的地方文化，从而传承和弘扬这些宝贵的文化遗产。

图6-14　玉林牛巴

五、实训任务

1. 市场调研与定位

学生在教师的指导下，通过浏览广西地区相关论坛、淘宝网等方式搜集资料，了解广西特产网店在网络平台的营销开展情况，包括市场需求、竞争情况、目标人群定位等，并完成表6-8的填写。

表6-8　调研与定位市场

调研内容	调研结果
市场需求	
竞争情况	
目标人群定位	

2. 确定引流工具

学生根据任务目标以及市场调研情况，确定合适的引流工具，简单说明选择该工具的理由，完成表6-9的填写。

表 6-9　确定引流工具

引流工具	理由

3. 进行营销推广

学生根据所确定的引流方式进行营销推广模拟，在小组或者班级内模拟网店引流活动，并完成表 6-10 的填写。

表 6-10　进行营销推广

实施阶段	实施方式	实施细则
准备阶段		
实施阶段		
数据分析		

任务2　打造网店爆款商品

任务描述

小明作为一位新手商家，希望网店能够拥有爆款商品，从而增加网店销售额，并带动网店其他商品的销售。目前，小明的网店主营商品主要包括柳州螺蛳粉、桂林米粉、铁皮柿子，他想要从这些商品中选择出具有潜力的商品，进行网店爆款的打造。

任务实施

活动 1　认识爆款

步骤 1：了解爆款的定义

为了能够顺利为网店创造爆款，小明需要从爆款的定义开始了解，希望厘清爆款的基本属性，为实际操作积累理论基础。他可以通过各类专业书籍、在线学习资源、课程、社交媒体、线上培训等渠道获取知识，并结合自己的实践经验进行深入理解。

知 识 链 接

爆款是指网店里销量很高甚至供不应求的商品。在如今的网购环境下，爆款扮演着催化剂的角色，能够在短时间内带给网店大量的流量和较高的成交转化率。

爆款的具体表现形式就是高流量、高曝光量、高成交转化率。爆款从严格意义上讲可分为两类：引流爆款，又称小爆款；盈利爆款，又称大爆款。

步骤 2：梳理爆款商品的特征

在了解爆款的定义后，小明觉得自己对爆款的理解还不够深入，他决定通过查询资料进一步了解，学习之后发现爆款商品通常具备以下特征：

1. 市场需求量大

爆款商品的出现，往往基于广泛的市场需求。这些商品能够精准地满足大众群体的消费需求，无论是实用性、美观性还是价格，都符合大多数用户的心理预期。因此，爆款商品往往能够吸引大量的用户，形成庞大的市场需求。

2. 自身流量高

在当今这个信息爆炸的时代，一个商品的曝光率和关注度对其成功至关重要。爆款商品通常具有较高的市场认知度和话题量，能够通过各种渠道吸引潜在用户的注意力。这种高流量不仅提升了商品的知名度，也为后续的销售打下了坚实的基础。

3. 销售额高

爆款商品的销售额往往远超其他同类商品。这得益于其广泛的受众基础、高曝光率以及优良的商品品质。高销售额不仅为商家带来了丰厚的利润，也为品牌的建设和长期发展提供了强大的支撑。

4. 品质优良

品质是商品的生命线，也是爆款商品能够持续热销的关键。爆款商品通常具有高品质、高性价比的特点，能够满足用户的基本需求，甚至超越他们的期望。这种优良的品质不仅赢得了用户的信任，也为商品赢得了良好的口碑。

5. 创新性强

在竞争激烈的市场环境中，创新是商品脱颖而出的关键。爆款商品往往具有独特的创意和设计，能够吸引用户的眼球，满足他们追求新鲜的心理。这种创新性不仅提升了商品的竞争力，也为品牌注入了新的活力。

6. 营销策略得当

爆款商品的成功离不开精心设计的营销策略。商家通常会根据目标市场的特点和用户的需求，制定合适的营销策略，如精准定位、差异化宣传、社交媒体营销等。这些策略能有效地提升商品的知名度和影响力，吸引更多的潜在用户。

7. 符合市场趋势

爆款商品往往能够敏锐地抓住市场趋势，满足用户当前的需求和偏好。这种时效性使得商品能够在短时间内迅速走红，成为市场上的热门选择。同时，符合市场趋势的商品也更容易被用户接受和认可，从而取得更好的销售业绩。

8. 用户口碑好

口碑是用户对商品最直接、最真实的评价。爆款商品往往能够得到用户的认可和好评，形成积极的口碑传播。这种良好的口碑不仅能够吸引更多的潜在用户，还能够增强现有用户的忠诚度，为商品的长期销售提供有力保障。

步骤 3：明确爆款对网店的影响

通过对爆款特征的梳理，小明对爆款商品已经有了初步的认知。他发现，许多商家在进行网店经营时，都很热衷于打造爆款，通过进一步学习，他了解了成功打造爆款后会对网店整体产生怎样的影响，并进行了总结。

1. 提升网店流量

爆款商品能够吸引大量用户，提高店铺的曝光率和流量。这不仅可以增加店铺的知名度，还可以带动其他商品的销售。

2. 提高销售额

爆款商品往往具有较高的销售额，能够增加店铺的整体收入。同时，爆款商品还能带动店铺其他商品的销售，进一步提高销售额。

3. 提升店铺权重

爆款商品的销量和评价等因素可以提升店铺的权重，使店铺在搜索引擎中的排名更靠前，从而获得更多的曝光和流量。

4. 增加用户黏性

爆款商品能够吸引用户关注，提高用户对店铺的信任度和忠诚度，增加用户黏性。这有助于店铺建立稳定的用户群体，提高复购率。

5. 优化库存管理

爆款商品的销量预测和库存管理可以帮助店铺更好地规划库存，避免库存积压和浪费，也可以提高库存周转率和资金使用效率。

行业故事

三只松鼠作为一家专门销售坚果、干果等健康食品的电商品牌，凭借其独特的品牌形象和优质的产品，成功打造了多个爆款产品，其原因可总结如下：

首先，三只松鼠注重前端服务，包括优质的客服、品牌和社区运营、电商运营以及用户体验管理等。他们通过不断优化这些服务，提高消费者的满意度和忠诚度，从而形成了对消费者标准化的服务和沟通流程。

其次，三只松鼠善于利用社交媒体平台进行营销推广。例如，他们在微博上进行智能分析，找准相关粉丝，将广告精准投放给目标用户。同时，他们设计优惠和转发送奖品活动，鼓励用户参与并分享，从而吸引了大量粉丝的关注和参与。

最后，三只松鼠注重互动营销，通过互动游戏、店铺动态播报等方式与消费者进行互动。这些互动活动不仅增加了消费者的参与度和黏性，还提高了品牌的口碑和影响力。例如，他们的"松鼠物语"中设置了投票系列、有奖竞猜系列等活动，让消费者在参与游戏的同时，也对品牌有了更深入的了解和认识。

【案例思考】

阅读本案例后思考：该品牌能够成功打造爆款的原因有哪些？

活动 2　打造爆款

小明通过持续学习，已经对爆款商品形成了一定的认知，但是他还不清楚如何打造爆款，于是他通过课程学习和资料搜索，整理出了以下的打造爆款的步骤，并按照以下步骤尝试进行爆款打造。

步骤 1：选择潜力商品

商家在打造爆款之前要对本行业有充分的了解，包括对竞争对手进行合理的分析、对用户的接受程度进行深入的了解。

小明根据网店内的主营产品，开始了潜力商品的选择。他打开百度指数，输入关键词"桂林米粉"，并单击"添加对比"按钮，输入"螺蛳粉"，进行两款商品的对比。经过对比，他发现，无论是搜索指数还是资讯指数，螺蛳粉的表现皆优于桂林米粉，如图6-15、图6-16所示。

图6-15　两款商品的搜索指数对比

图6-16　两款商品的资讯指数对比

小明通过指数的搜索趋势，大致确定了现阶段消费市场的需求，结合市场容量，为选款决策提供依据。他决定以店铺的螺蛳粉商品作为潜力商品，进行打造爆款的操作。

知识链接

市场容量，通俗而言就是指在不考虑商品价格或供应商的前提下，在一定时期内市场对某种商品或劳务的吸纳量。对于一个网店经营者来说，销售某类商品之前必须对此类商品的市场需求进行调研与分析。为了提高分析结果的可靠性和准确性，商家可以使用一些商家专用版的数据分析软件来分析此类商品近年来的市场需求与变化情况，从而适当调整自己店铺的库存、资金和其他的相关资源。例如，商家可进行各子行业的采购指数、供应指数及淘宝市场的需求预测，并通过这些数据对市场需求进行分析，能更好地帮助自己选择适合的销售策略。

动手小练

在淘宝平台中选择一家网店，了解该网店的经营范围，并根据所学知识，选择该网店一款你认为可以打造为爆款的商品，说明选款依据和理由。

步骤 2：实施引流策略

选定商品后，需要通过各种渠道吸引目标用户群体的关注。小明通过了解发现，流量的引入可以从两个方面入手。

（1）淘宝的促销活动，如天天特价、淘金币等，这些活动不需要大量的资金投入，但能为商品快速聚集人气，增加销量。于是小明着手了解参加这些促销活动的基本要求，他发现天天特价和淘金币的报名要求具体如下：

天天特价：拥有淘宝店铺且店铺信誉 3 星到 5 钻；宝贝已售出数量为 10 件以上；提供宝贝库存，报名的商品数量大于等于 50 件，且小于等于 300 件；开店时间大于等于 90 天。

淘金币：集市商家近 90 天店铺支付宝成交额为 0；账户 B 类违规处罚 12 分；账户 C 类违规处罚 12 分。淘金币主要帮助新手商家提高转化和成交。

通过对比，小明店铺的情况更符合淘金币的要求，于是他报名了淘宝平台的淘金币活动进行引流。

（2）付费流量，如万相台、引力魔方、淘宝联盟等。小明在付费引流方面主要采取了三步动作：第一步，依靠店铺已有用户达到基础销量；第二步，用促销活动增加销量；第三步，用直通车进行长期的推广。这样做可以让转化率和销量都逐步提高，并根据投放效果进行投放力度的实时调整。

步骤 3：开展销售活动

经过引流阶段的操作，爆款商品已经成功吸引了大量潜在用户，并带动了店铺的整体流量与人气。小明明白，要利用好爆款带来的高人气，不仅要注重店铺的短期效应，还要注重店铺的长期发展。因此，小明需要巧妙利用爆款商品的高人气，结合关联营销策略，以推动店铺的持续发展。爆款商品虽然是淘宝店铺中最主要的销量来源，但是一家店铺中不止有爆款商品，还有很多其他商品，只有同时带动其他商品的销量，才能使店铺的整体销量得到提升。爆款商品可以为店铺引入大量的流量，如果能在打造爆款的同时，做好关联营销，就可以有效带动店铺整体的商品销量，也能避免店铺中其他商品的货品积压。

知 识 链 接

在打造爆款商品时，可以采用关联营销的策略，帮助提高销售额和用户满意度。

（1）确定关联商品。这些关联商品可以是互补商品，也可以是类似商品。例如，手机的关联商品可以是手机壳、充电器等，运动鞋的关联商品可以是其他款式或颜色的运动鞋。

（2）优化商品展示。在商品页面上，可以使用图片、文字描述和推荐标签等方式，突出关联商品的特点和优势，确保展示方式简洁明了，方便用户快速了解关联商品。

（3）提供优惠和套餐。为关联商品提供优惠和套餐，以吸引用户购买。例如，推出"买一送一""满减优惠"等促销活动，或者将爆款商品与关联商品组合成套餐销售。

（4）利用用户行为数据。通过分析用户行为数据，了解用户的购买习惯和偏好。根据这些数据，优化关联商品的推荐策略，确保推荐的商品符合用户的兴趣和需求。

（5）个性化推荐。根据用户的个人信息、浏览历史和购买记录等，提供个性化的关联商品推荐。这可以提高推荐的准确度，增加用户的购买意愿。

了解到关联营销的好处和具体方法后，小明决定展开关联营销。在对螺蛳粉和桂林米粉进行对比后，他发现这两类商品的消费人群在年龄结构和兴趣爱好方面都比较相似，如图6-17、图6-18所示。于是小明决定以套餐的方式将螺蛳粉与桂林米粉捆绑销售，从而带动网店内的总体销量。

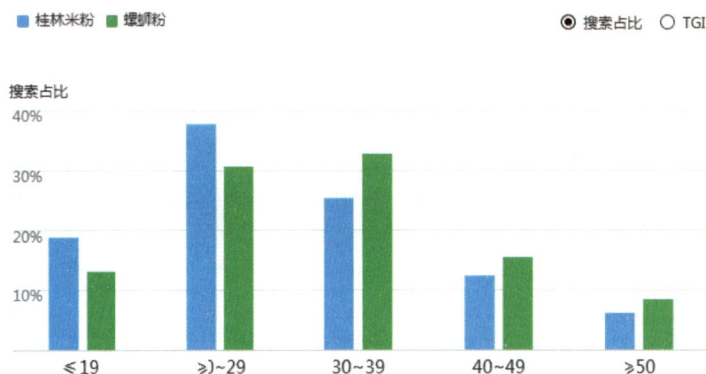

图6-17　两款商品消费人群的年龄结构对比

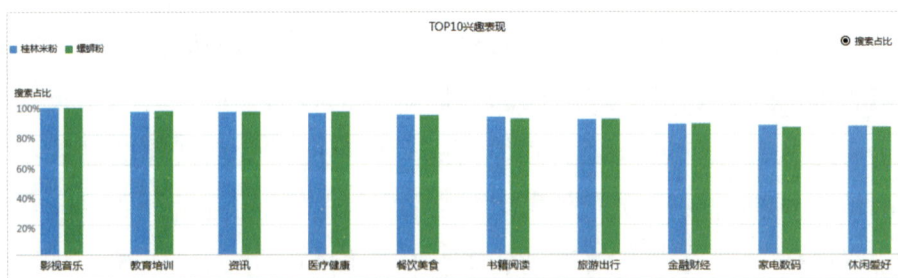

图6-18　两款商品消费人群的兴趣对比

步骤4：维护和优化爆款商品

打造爆款后，进行有效的维护是至关重要的，这样可以确保其热度并保持高销量。小明通过以下措施对爆款商品进行维护：

1. 监控销售数据和反馈

（1）密切关注爆款商品的销售数据，包括销售额、销售量、转化率等；

（2）收集并分析用户的反馈和评价，了解用户对商品的满意度和潜在的问题。

2. 持续优化商品

（1）根据用户反馈和市场变化，不断优化商品，以满足用户的需求；

（2）及时修复商品中存在的问题，提升商品质量和用户体验。

3. 保持价格稳定

（1）除非有明确的策略和市场分析支持，否则避免频繁调整价格；

（2）保持价格与商品质量和市场需求的一致性，避免价格过高或过低。

4. 持续进行营销推广

（1）利用社交媒体、广告、内容营销等多种方式，持续推广爆款商品；

（2）与其他品牌或有影响力者合作，扩大商品的曝光度和影响力。

5. 优化库存和供应链管理

（1）确保库存充足，避免缺货导致的销售损失；

（2）优化供应链管理，确保商品质量和交货时间的稳定性。

6. 建立良好的售后服务

（1）提供优质的售后服务，包括退换货政策、商品咨询等，以增强用户的信任度和忠诚度；

（2）及时处理用户的投诉和问题，确保用户满意度。

以上措施可以有效地维护和优化爆款商品，保持其在市场中的竞争力和吸引力。另外，按照生命周期理论，每个爆款都会进入衰退期，只是时间不同。商家要尽量延长爆款的生命周期，让爆款尽可能多地为店铺引入流量。同时，要打造新的爆款，把之前经过测试的、有爆款潜质的商品放到已有爆款的页面，用大流量去带动新爆款的形成。

任务回顾

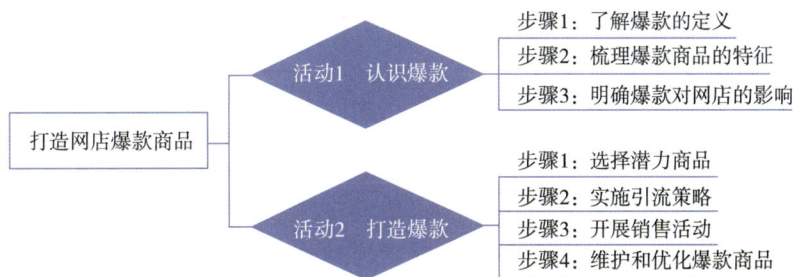

任务实训

打造爆款商品实训——某广西水果网店的打造爆款商品活动

一、实训概述

本任务实训为打造爆款商品实训，学生通过该实训，不仅可以将理论知识应用到实践中，还能通过具体的电子商务活动，学习如何增加广西特产网店的流量和销量，同时为当地农业发展和文化传承做出贡献。

二、实训素材

（1）相关实训软件。

（2）智能手机实训设备。

三、实训内容

学生自由分组，并推选一名组长，由组长根据小组情况进行任务分工，最后以小组为单位针对实训背景进行实训操作。在实训中，教师指导并帮助学生完成实训内容。

四、实训背景

广西作为中国南方的重要农业省份，拥有丰富的农产品资源。打造广西农产品网店的爆款商品，能够带动广西农业产业的发展，提高农产品的知名度和市场竞争力，进而增加农民的收入，助力乡村振兴。随着用户对健康、绿色、有机食品需求的不断增加，广西因其独特的地理环境和气候条件，其出产的农产品往往具有高品质、高营养价值等特点。某网店主要销售广西的各类水果，如罗汉果、沙田柚、沃柑、砂糖橘等，这些水果皆由网店直接从当地农户处收购而来，质量优良，价格低廉，但网店的销量却不尽如人意，急需进行爆款商品打造，以使广西各类水果走向更多人的餐桌。

五、实训任务

1. 策划选款

学生在教师的指导下，通过浏览广西地区相关论坛、淘宝网等方式搜集资料，了解广西特产网店在网络平台的营销开展情况，包括市场需求、商品定位、目标人群及独特卖点等，并完成表6-11的填写。

表 6-11　策划选款

调研内容	调研结果
市场需求	
商品定位	
目标人群	
独特卖点	

2. 确定引流策略

学生根据任务目标以及市场调研情况，确定合适的引流策略，简单说明制定该策略的理由，完成表 6-12 的填写。

表 6-12　确定引流策略

引流策略	理由

3. 制定销售方案

学生根据选定的商品及引流策略，确定合适的销售方案，简单说明制定该方案的理由及目标，完成表 6-13 的填写。

表 6-13　制定销售方案

销售方案	理由	目标

4. 维护和优化

学生根据所确定的引流方式进行维护和优化爆款商品模拟，在小组或者班级内实施打造爆款活动，并完成表 6-14 的填写。

表 6-14　爆款商品的维护和优化

实施阶段	实施方式	实施细则
初期		
后期		
总结打造爆款的步骤		

素养课堂

电子商务作为新兴商业模式之一，其发展离不开科技创新的支撑。利用大数据技术，我们可以精准定位目标用户，优化用户体验，提高销售额和利润率。同时，人工智能、机器学习等技术的发展也为电商行业带来了更多的可能性和机遇。这些技术的应用不仅可以提升用户服务质量和效率，还可以推动电商行业的智能化升级和发展。

然而，仅仅依靠技术创新是不够的。在电商行业中，制度的创新同样重要。党的二十大报告提出要加大市场监管和反垄断执法力度，促进电商行业的规范健康发展。这有助于维护市场竞争秩序，保护用户权益，推动电商行业的可持续发展。只有当制度和科技相互协调、共同作用时，才能真正实现电商行业质的有效提升和量的合理增长。

在实践中，我们需要充分利用党的二十大报告中的指导方向，结合数据驱动策略和新型基础设施建设的要求，不断创新和优化电子商务营销模式。例如，可以利用人工智能技术来提升用户服务质量和效率；可以通过加强供应链管理、优化物流配送等方式降低成本和提高效率；还可以利用区块链技术在保障商品质量和信息安全等方面进行创新和实践。只有这样，我们才能在激烈的市场竞争中立于不败之地，为用户提供更加优质的服务和商品。

项目评价

基于在本任务中的学习、探究及实训情况，进行学生自评、学生互评与教师点评，完成表 6-15 的填写。

表 6-15　项目评价表

考核内容	评价		
	学生自评	学生互评	教师点评
是否能正确阐述出网店流量的概念、类型及分享流量的方法	□是 □否	□是 □否	□是 □否
是否能根据流量数据分析需求，获取相关指标，并进行流量分析后开展精准引流推广	□是 □否	□是 □否	□是 □否
是否能正确阐述出爆款商品的概念、特征，明确爆款形成的关键因素，并根据爆款打造流程进行爆款打造	□是 □否	□是 □否	□是 □否

项目七 技术驱动场景化营销

项目概述

随着数字化时代的到来，用户的购买行为和偏好发生了巨大变化，他们更倾向于和品牌建立个性化、强互动的关系，而场景化营销正是利用技术手段，将商品或服务融入生活场景中，与用户进行更加贴近真实生活的互动。技术驱动的场景化营销可以通过多种方式实现，如基于大数据和人工智能的个性化推荐系统、虚拟现实和现实增强技术的沉浸式体验、社交媒体平台上的社交化营销等。这些技术手段可以帮助企业更精准地了解用户的需求和行为，提供更具吸引力的营销内容，并在不断变化的市场环境中保持竞争优势。

本项目分别从构建网络营销场景、提升网络营销体验感两个方面来讲解，使读者掌握场景化营销的关键知识点，深入理解在各类新兴技术驱动下，网络营销的新发展方向，从而顺应时代潮流，更好地满足用户需求。

项目预览

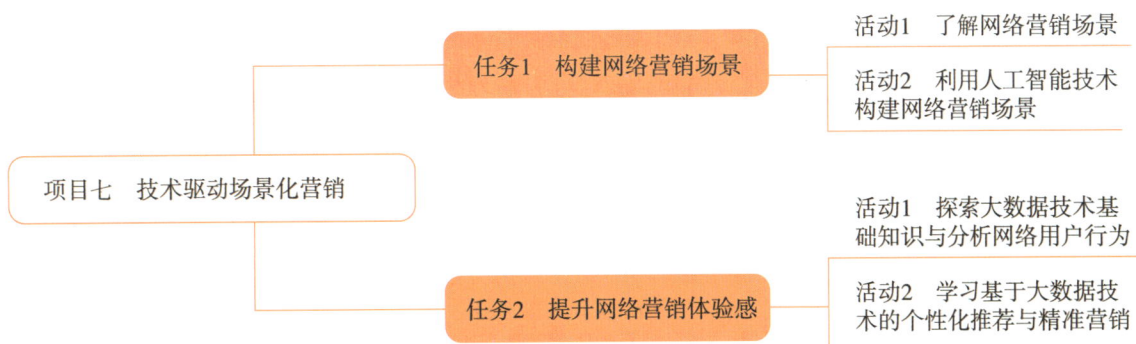

项目目标

知识目标

1. 了解场景和网络营销场景的概念；

2. 明确网络营销场景构建的步骤；

3. 了解人工智能技术和大数据技术；

4.明确人工智能技术在网络营销场景中的应用；

5.明确提升营销体验感的方法。

能力目标

1.能够构建合适的网络营销场景；

2.能够利用人工智能技术增强网络营销的效果；

3.能够应用大数据技术提升网络营销的体验感。

素养目标

1.具备跨界合作的能力，能够与其他行业、领域的企业或个人进行合作，共同打造更具吸引力的营销场景；

2.具备数据安全与隐私保护的意识，能够在使用新技术、新方法时不违规、不越位，为用户提供舒适、安全的营销服务。

引导案例

小米：标签和算法的融合营销

在当今数字化时代，数据已经成为企业决策和营销的核心资源。作为科技巨头之一，小米深谙此道，它巧妙地将标签与算法相融合，打造出独特的智能营销体系，从而在人工智能的助力下，实现了营销效果的最大化。

小米在营销过程中，首先对用户数据进行了深入的挖掘和分析。通过用户在使用小米手机、MIUI系统以及其他小米生态链商品时产生的海量数据，小米成功地为用户打上了丰富的标签。这些标签包括但不限于用户的地理位置、消费习惯、兴趣爱好、年龄性别等，不仅帮助小米更好地了解用户，也为后续的营销策略制定提供了有力的数据支持。

在拥有了丰富的用户标签后，小米进一步利用先进的算法技术，对用户进行精准的内容推荐。小米的推荐算法基于深度学习、机器学习等先进技术，能够根据用户的标签和行为数据，智能推荐符合用户兴趣和需求的商品和服务。这种个性化的推荐方式不仅提高了用户的购物体验，也极大提高了用户的购买转化率。

通过标签与算法相融合的智能营销策略，小米在人工智能的助力下，实现了对用户需求的精准把握和满足。这种创新的营销方式不仅提高了小米的市场竞争力，也为整个行业提供了新的思路和方向。

（资料来源：小米官网）

【问题思考】

借助各类新兴技术进行营销已经是当代企业的共识，在技术的助力下，网络营销更加智能化、个性化，也更加符合用户的习惯。阅读本案例，思考以下几个问题：

1. 用户标签在精准营销中起到了哪些关键作用？请举例说明。

2. 还有哪些新兴技术可以被应用到网络营销中？

任务1　构建网络营销场景

任务描述

小叶是某家居企业的网络营销人员，由于公司之前的网络营销方式与线下营销方式并无根本上的区别，因此营销效果一直不理想。高层经讨论决定调整公司的营销方式，需要利用最新的技术与网络营销相结合，构建更适合当下的网络营销场景，借此改变公司的营销颓势。小叶作为新生代员工，学习能力强，喜欢关注最新网络动态，因此被推举为此项目的负责人。

小叶拟通过本任务了解技术如何驱动场景化营销，并进一步提升用户体验感。为此他制订了一份任务实施计划，准备从两个方面实施，分别是构建网络营销场景和提升网络营销体验感。

任务实施

活动1　了解网络营销场景

在构建网络营销场景之前，需要对网络营销场景及场景化营销形成全面的认知。

步骤1：理解网络营销场景的概念

小叶可以通过多种方式对网络营销场景及场景化营销进行初步的了解与认知。场景在营销中指一种思维方式，即利用互联网和移动互联网不断制作和生成场景，将不同的对象连接起来。场景是由人、地点、时间、技术等多重维度构建的一个小世界。这个小世界既可以是真实的，也可以是虚拟的。网络营销场景是一个多元化的在线环境，涉及用户行为、技术应用等多个方面。企业需要根据不同的场景和目标用户，制定相应的营销策略和手段，以实现营销目标。

知识链接

（1）在线环境。网络营销场景主要发生在互联网上，涵盖了各种在线平台和工具，包括社交媒体平台（如 Facebook、微信、Twitter 等）、搜索引擎（如 Google、百度等）、电子商务网站（如亚马逊、淘宝等）、博客和论坛、电子邮件等。这些平台为网络营销提供了广阔的空间和多样的手段。

（2）用户行为。网络营销场景与用户的行为密切相关。例如，用户在搜索引擎中搜索关键词，可能触发 SEO 或 SEM 的策略。用户在社交媒体上分享和互动，为社交媒体营销提供了机会。用户在电子商务网站上浏览和购买商品，为电子邮件营销和再营销提供了依据。

（3）技术应用。随着技术的发展，网络营销场景也在不断演变。例如，移动设备的普及使得移动营销变得越来越重要。利用位置定位技术，企业可以向用户发送基于位置的广告和优惠信息。人工智能和大数据技术的应用，使得营销更加个性化和精准。虚拟现实和增强现实技术的出现，为营销提供了新的创意和体验。

步骤 2：梳理网络营销场景的特点

在了解场景与网络营销场景的概念之后，小叶还需要对网络营销场景的特点进行分析。通过查询资料，小叶将特点总结为以下几个方面：

1. 媒体资源丰富

网络营销场景充分利用互联网丰富的媒体资源，如文字、图片、声音、视频等。这些媒体资源使得商品展示更加生动、立体，为用户提供了更深入、更细致的商品了解。同时，这些资源也为企业和营销人员提供了更大的创造性和主动性空间，使得营销活动更加有趣和吸引人。

2. 互动性增强

在网络营销场景中，用户不再是被动接收信息的对象，而是可以主动参与和互动。例如，在社交媒体平台上，用户可以发表评论、分享信息、参与投票等，这些互动行为极大促进了企业与用户之间的交流和交易。

3. 个性化营销

网络营销场景强调个性化营销，即根据用户的兴趣、偏好和行为习惯等信息，提供个性化的推荐和服务。这种营销方式更加符合用户的需求，提高了营销效果和转化率。

4. 高效的服务效率和响应速度

网络营销场景通常具备高效的服务效率和响应速度。企业可以通过自动化的营销系统和工具，快速响应用户的需求和反馈，提供及时、准确的服务。这种高效的服务体验也提升了用户的满意度和忠诚度。

步骤 3：构建网络营销场景的流程

小叶了解到，构建网络营销场景是一个系统性的过程，需要综合运用市场研究、媒体资源、互动设计以及数据分析等多种手段。他通过多方面的学习和了解，将网络营销场景的构建流程归纳为以下步骤：

1. 明确营销目标

在开始构建网络营销场景之前，需要对营销目标进行明确界定，包括确定希望通过营销活动实现的具体成果，如提升品牌知名度、促进商品销售、增强用户黏性等。明确的目标有助于在后续场景构建过程中保持焦点，确保所有活动都围绕这一核心目标展开。

2. 深入了解用户

了解目标用户是构建有效网络营销场景的基础。通过市场调研、用户画像分析等手段，收集关于用户群体的数据，包括他们的年龄、性别、兴趣爱好、消费习惯、活跃平台等。这些数据有助于更准确地把握用户的需求和期望，为构建符合他们心理预期的场景提供依据。

3. 选择合适的平台

根据营销目标和用户特点，选择最合适的网络营销平台。不同的平台具有不同的用户群体、使用习惯和内容形式要求。例如，社交媒体平台适合与年轻用户互动，而专业企业对企业的 B2B 平台则更适合面向企业的营销活动。在选择平台时，还需考虑平台的覆盖范围、用户活跃度、广告费用等因素。

4. 创造引人入胜的场景

场景构建的核心是创造一个能够吸引用户注意并引导他们深入参与的环境。这可以通过多种方式实现，如设计富有创意和故事性的内容、运用视觉和听觉元素营造氛围、结合热点话题和流行趋势等。同时，场景的内容应与商品或服务紧密相关，以确保用户在参与场景的过程中能够自然地接触到营销信息。

5. 增强互动性

在场景中增加互动元素，可以提高用户的参与度和沉浸感。可以通过设置问卷调查、投票、评论、分享等互动环节来实现。互动不仅可以收集用户的反馈和数据，为后续的营销优化提供依据，还能让用户感受到自己的参与价值，增强与品牌的联系。

6. 优化用户体验

在构建网络营销场景时，应注重用户体验的优化，确保场景的界面设计清晰、简洁、易于导航，页面加载速度快，信息呈现方式直观易懂。同时，关注用户的反馈和需求，及时调整和改进场景设计，以提升用户的满意度和留存率。

7. 持续监测和优化

构建好网络营销场景后，需要持续监测其效果并根据反馈进行优化。利用数据分析工具跟踪关键指标，如点击率、转化率、用户留存率等，分析用户的行为特征和偏好变化。根据数据分析结果，对场景进行迭代改进，以提高营销效果和转化率。同时，保持对新技术和新趋势的关注，及时将新的营销手段和方法融入场景中，以保持其竞争力和吸引力。

动手小练

某公司最近推出了一款创新的智能家居设备——智能空气净化器，主要功能包括自动空气质量检测、智能净化、节能环保以及智能家居联动。假设你是此公司的市场营销负责人，为了推广这款商品并吸引潜在用户，你需要确定合适的营销场景以进行商品销售，请完成表7-1的填写。

表7-1 营销场景策划

步骤	具体内容
确定目标群体	
了解用户需求	
进行场景设置	

活动2 利用人工智能技术构建网络营销场景

步骤1：初步了解人工智能技术

小叶通过搜索资料和阅读书籍，将了解到的人工智能技术总结为以下内容：

人工智能（Artificial Intelligence，AI）是一门新兴的技术科学，其目的是研究和开发能够模拟、延伸和扩展人的智能的理论、方法、技术及应用系统。人工智能是计算机科学的一个分支，其研究领域包括机器学习、计算机视觉、自然语言处理和专家系统等。人工智能旨在让机器能够胜任一些通常需要人类智能才能完成的复杂工作。根据智力水平的不同，人工智能可分为弱人工智能和强人工智能。弱人工智能能够模拟人类某方面的智能，而强人工智能则能像人类一样思考和决策。人工智能是一门交叉学科，结合数学、计算机科学、心理学、哲学等多个学科的理论。

搜一搜

搜索人工智能技术在营销领域的应用现状，并完善表 7-2。

表 7-2　人工智能技术在营销领域的应用现状

应用	具体特色

小提示：应用包括图像识别、自动化广告投放、聊天机器人等。

步骤 2：分析人工智能技术在网络营销中的应用

了解到人工智能技术的基础知识之后，小叶对人工智能技术在网络营销中的应用产生了浓厚兴趣。他通过多方搜索，将目前人工智能技术在营销中应用的内容进行了总结。

1. 内容创作

人工智能的内容创作应用具体可以分为两个方面：自动化生成和内容优化。自动化生成指利用自然语言处理技术和机器学习技术，人工智能可以自动生成高质量的营销内容，如文章、视频脚本、图像描述等。这些内容可以根据企业的营销策略和目标用户的需求进行定制。内容优化则是指人工智能可以分析已存在的内容，并提供优化建议。例如，它可以通过分析关键词的使用频率、句子结构、段落长度等，调整内容的可读性和吸引力。

2. 媒体营销

首先是用于精准定位。人工智能可以通过分析用户在社交媒体平台上的行为数据，如点赞、评论、分享等，准确识别目标用户，并为其提供定制化的广告和内容推荐。

其次是实现自动化管理。人工智能可以自动管理营销账号，包括发布内容、回复评论和私信等。这不仅可以节省人力成本，还可以确保及时、专业的用户服务。

3. 搜索引擎优化

人工智能技术还可以应用于 SEO，通过分析用户的搜索历史和行为，可以为企业提供关于关键词选择和优化的建议，以帮助企业优化关键词在搜索引擎中的排名。另外，人工智能还可以自动调整网站的内容和结构，以适应搜索引擎的算法变化，从而保持或提高网站的搜索排名。

4. 广告和促销优化

人工智能在广告方面的应用，也是其在营销领域的一个重要表现。人工智能可以通过分析用户的购买历史、兴趣爱好等数据，预测用户可能感兴趣的商品或服务，并为其提供个性化的广告推荐。同时，广告投放后，人工智能可以实时监测广告的效果，如点击率、转化率等，并根据数据反馈进行实时调整和优化，以提高广告的投资回报率。

5. 用户行为分析

人工智能在网络营销领域的一个重要应用就是用户行为分析。人工智能拥有深入洞察的能力，通过分析用户在网站或应用上，如浏览历史、点击路径、停留时间等行为数据，深入了解用户的需求和偏好，为企业提供宝贵的市场洞察资料。同时，基于历史数据和行为模式，人工智能还可以预测用户未来的行为趋势，如购买意向、兴趣转移等，从而为企业制定更加精准的营销策略提供依据。

行 业 故 事

美素佳儿与百度营销联合推出了"宝宝不哭"智能小程序，这是一个结合了百度 AI 技术的创新商品。该程序通过智能分析宝宝的哭声，识别其背后的原因，如饥饿、困倦或不适等。然后根据不同场景和宝宝的需求，智能小程序会创造并播放相应的安抚曲，帮助安抚宝宝的情绪，使其停止哭闹。

这种创新的营销方式不仅体现了对消费者需求的深度洞察，也展示了品牌对家庭生活的关心和关怀。通过"宝宝不哭"智能小程序，美素佳儿成功将商品与用户需求紧密结合，实现了品牌与用户的深度连接。此外，该程序还通过数据分析精准锁定了目标用户，通过线上线下全场景覆盖的营销方式，有效地提高了品牌知名度和用户忠诚度。

【案例思考】

阅读本案例后思考：人工智能技术在营销领域应用有哪些利与弊？

步骤 3：构建基于人工智能技术的营销场景

小叶了解到淘宝的万相台是一款智能化的推广工具，以技术算法为驱动力，可以帮助经营者实现全域、智能、一站式营销，同时以用户为中心的深链数智经营指标体系为参考指引，为品牌、商家的合作提供全链路的解决方案。尤其是万相台的全店智投工具，基于人工智能技术，帮助商家低门槛、高效实现全店生意提升，其展示位如图 7-1 所示。

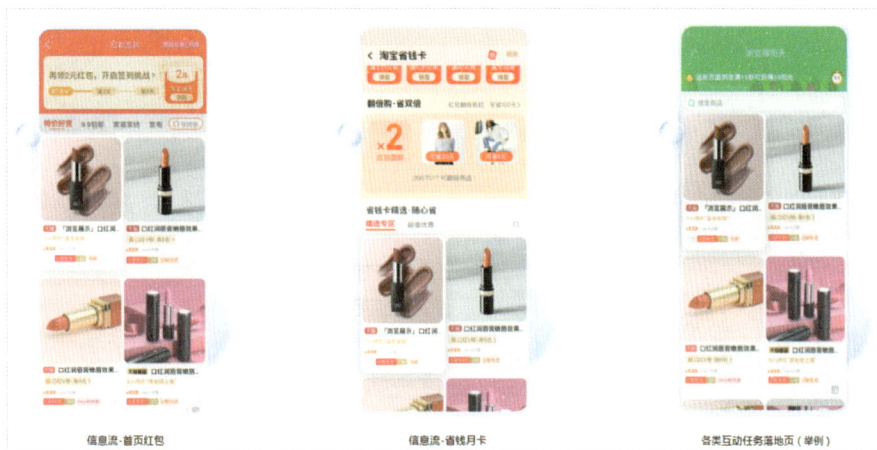

图 7-1 全店智投展示位

于是，他决定利用该工具体验人工智能技术在营销场景构建方面的智能性和便利性。他进入了万相台首页，如图 7-2 所示。

图 7-2 万相台首页

在首页下拉页面，可以在右侧看到"快捷入口"板块，如图 7-3 所示。单击"全店智投"按钮，进入全店智投页面。

图 7-3 快捷入口

进入页面后，小叶找到了"新建全店智投"按钮并单击，如图 7-4 所示。

图 7-4　单击"新建全店智投"按钮

接着进入计划设置页面，首先需要进行归属计划组和计划名称的设置。由于归属计划组不是必填项，小叶也并未创建对应的计划组，于是忽略了该步骤。在计划名称部分，由于是首次使用该工具，为体验和测试，他将计划命名为"测试 -2024-01"，如图 7-5 所示。

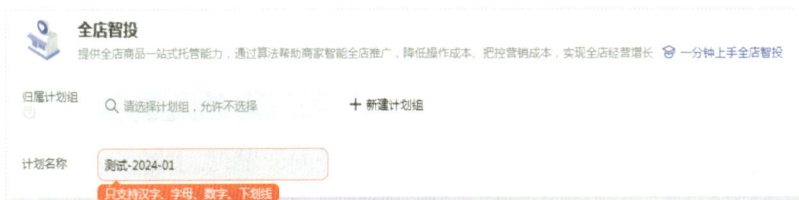

图 7-5　设置归属计划组和计划名称

接着需要进行投放主体的设置，如图 7-6 所示，这部分主要包括选品方式和屏蔽宝贝两步操作。选品方式为默认的智能选品，这是由工具根据网店内的商品转化率进行的智能选品，不需要小叶进行操作。屏蔽宝贝最多可屏蔽 40 个，小叶也不需要进行该操作，于是开始下一步操作。

图 7-6　投放主体设置

接下来需要进行预算与排期设置。该部分需要自行设置的内容有每日预算、投放日期以及期望全店 ROI。平台推荐的每日预算为 120 ~ 180元/天，于是他选择了 140元/天。投放日期部分，他根据运营的探索期规律，将其设置为 7 天，用于观察营销效果。期望全店 ROI 也根据平台的建议设置为 1.2，如图 7-7 所示。

图7-7 预算与排期设置

设置完预算与排期后，他注意到页面还有"高级设置"按钮，点击进入高级设置页面后，发现可以设置"投放地域"和"侧重投放"模块，他根据自身网店的情况进行了调整，如图7-8所示。

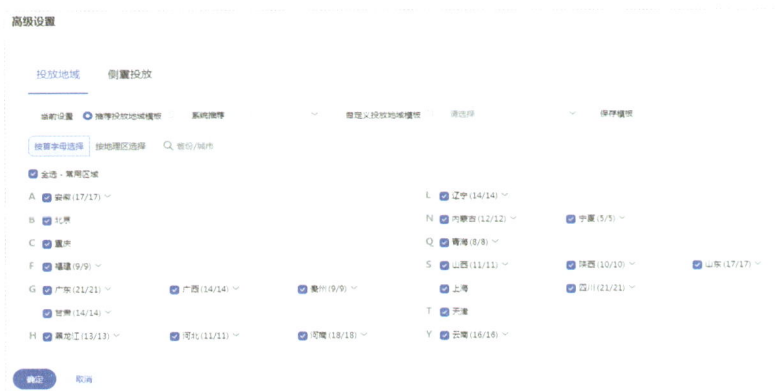

图7-8 设置"投放地域"和"侧重投放"模块

万相台全店智投的投放和扣费逻辑是基于算法自动出价的智能投放产品，算法会根据当前的竞价激烈程度、商家的选品、设置的套餐包金额、核心优化目标、投放模式、创意设置等参数进行实时竞价，跨渠道智能分配预算，实时优化，小叶只需要即时分析效果是否达到自身预期即可。

任务回顾

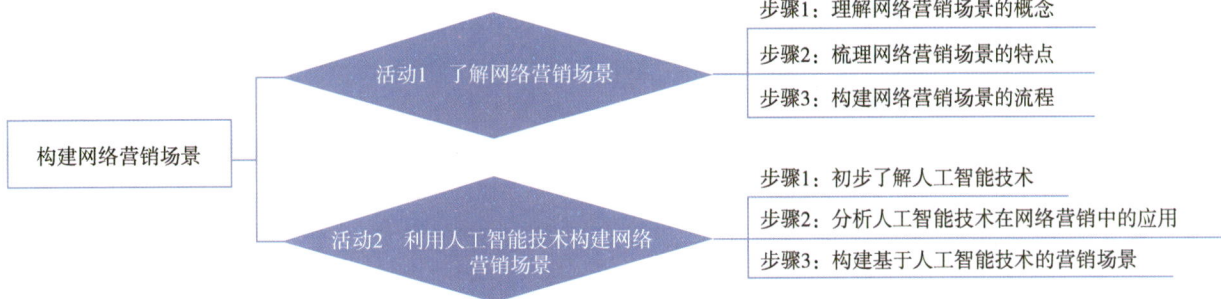

191

🔵 任务实训

构建网络营销场景实训——荔浦芋头的网络营销场景构建

一、实训概述

本次实训旨在让学生通过对网络营销场景的构建，将所学的网络营销理论知识与实践相结合，提高学生的创新思维和实际操作能力。通过构建具有针对性的网络营销场景，学生将学会如何根据商品特点和目标受众，设计有效的网络营销策略，从而为企业创造更大的商业价值。

二、实训素材

（1）相关实训软件。
（2）智能手机实训设备。

三、实训内容

学生自由分组，并推选一名组长，由组长根据小组情况进行任务分工，最后以小组为单位针对实训背景进行实训操作。在实训中，教师指导并帮助学生完成实训内容。

四、实训背景

荔浦芋头是一种独特的秋季美食，产于中国广西壮族自治区的荔浦市。它属于天南星科植物，生长在温暖湿润的环境中，块茎呈现出独特的紫色，外皮为深褐色，肉质洁白，口感粉糯，有着独特的香气。荔浦芋头具有健脾、利湿、解毒、消痒的功效，能够合理运送营养物质，使皮肤润泽，同时提高机体的免疫力。

荔浦芋头作为广西荔浦市的特产，已有400多年的栽培历史，深受当地人民的喜爱。在现代社会，荔浦芋头更是成为荔浦市农业和农村发展的重要支柱产业之一，品牌知名度不断提升。荔浦芋头不仅在国内享有盛名，还出口到国外，成为中国的一张美食名片。为了保护荔浦芋头这个品牌，荔浦县政府给荔浦芋头注册了商标，荔浦芋头还获得了广西首个产地证明商标，其知名度和品牌价值进一步提升。

五、实训任务

1. 制定营销目标与策略

学生根据商品分析和市场调研结果，制定明确的营销目标（如提高品牌知名度、增

加销量等），并制定相应的营销策略（如定位策略、商品策略、价格策略、渠道策略等），并完成表7-3的填写。

表7-3　营销目标与策略制定

营销目标	
营销策略	

2. 分析人工智能投放工具

学生利用所学的网络营销知识，搜索现有的各类人工智能投放工具，总结所有工具的优缺点，并完成表7-4的填写。

表7-4　人工智能投放工具优劣势总结

人工智能投放工具	优点	缺点

3. 选择合适的人工智能投放工具

学生选择合适的人工智能投放工具，并阐述理由。

4. 投放实施与效果评估

学生小组进行实际投放，并记录相关数据（如点击率、转化率、参与度等）以评估营销效果。同时，学生需要关注目标受众的反馈和意见，以便对营销策略进行调整和优化，并完成表7-5的填写。

表7-5　模拟实施与效果评估

实施阶段	实施方式	实施细则
初期		
后期		
总结网络营销的步骤		

任务2 提升网络营销体验感

任务描述

想要适应当下的时代背景，制订出更符合当下用户需求的营销计划，就必须使用新方法、新工具。小叶作为网络营销人员，了解到很多企业已经通过大数据技术展开了更精准的营销，大幅提高了营销效率和用户体验感。小叶也想通过自己的努力，让公司在新技术的助力下，为用户提供更便捷、流畅、舒适的营销体验。

为此，他计划分两步实现这个目标，第一步，探索大数据技术基础知识与分析网络用户行为；第二步，开展基于大数据的个性化推荐与精准营销。

任务实施

活动1 探索大数据技术基础知识与分析网络用户行为

步骤1：了解大数据的基本概念

想要利用大数据进行网络营销体验感提升，需要明确大数据技术的具体内容。小叶通过搜集资料，大致了解了大数据技术的含义。

知 识 链 接

大数据（Big Data），指无法在一定时间范围内用常规软件工具进行捕捉、管理和处理的数据集合，是需要新处理模式才能使之具有更强的决策力、洞察发现力和流程优化能力的海量、高增长率和多样化的信息资产。大数据具有四大特征，即大量（Volume）、高速（Velocity）、多样（Variety）和价值密度低（Value）。随着大数据技术的不断发展和应用领域的不断扩大，大数据已经成为当今社会中不可或缺的重要资源，对于推动科技进步和社会发展具有重要意义。

步骤2：学习网络用户行为分析的基本方法

在对大数据技术的概念有了初步的认知后，小叶了解到大数据技术经常在营销领域被应用于网络用户行为分析，为了更深刻地理解如何应用大数据技术，小叶计划首先掌握网络用户行为分析的基本方法。在进行方法学习前，他对网络用户行为分析的定义进行了界定。

知 识 链 接

网络用户行为分析指的是在获得网站或 App 等在线渠道上真实发生的访问行为数据后对其进行各种维度的统计分析，从而识别出不同用户的访问轨迹或访问规律。这些规律与网络营销策略等相结合，有助于发现网络营销活动中可能存在的问题，并为进一步修正或重新制定网络营销策略提供依据。

在对网络用户行为分析的定义有了清晰的认知后，小叶整理了网络用户行为分析的方法，具体如下：

1. 行为事件分析

行为事件分析是对用户在产品使用过程中产生的具体行为进行捕捉、记录与分析的过程。通过追踪或记录用户行为事件，可以快速地了解到事件的趋势走向和用户的完成情况。该分析方法需要注意三个关键节点。

知 识 链 接

（1）事件定义。事件定义是行为事件分析法的起始，也是至关重要的一步。在这一环节中，需要明确哪些用户行为被定义为"事件"。这些事件可以是用户与产品交互的任何动作，如点击、购买、分享、搜索等。为了有效定义事件，需要识别关键行为，并根据产品特性和业务目标，确定哪些用户行为对产品和业务具有重要影响。同时，还需为每个事件确定属性，如时间戳、设备信息、页面路径等，以便后续进行多维度分析。

（2）多维度下钻分析。这一环节的目的是揭示用户行为的深层规律和潜在问题。多维度下钻分析包括用户维度、时间维度、产品维度以及其他维度的分析。通过深入分析不同维度下的用户行为事件，可以发现用户行为的规律、趋势以及潜在问题，进而为产品优化和营销策略调整提供依据。

（3）解释与结论。在这一环节中，需要解读分析结果，解释用户行为背后的原因和动机，揭示产品存在的问题和机会。同时，提炼出对产品优化和营销策略调整的具体建议，并根据结论制订详细的行动计划。通过解释与结论环节，将行为事件分析法的结果转化为具体的行动方案，为产品和业务的持续发展提供有力支持。

2. 用户留存分析

用户留存分析是一种用来分析用户参与情况与活跃程度的模型。留存率直接反映了用户的满意度和忠诚度。用户留存一般符合"40-20-10"法则，即新用户的次日留存率应该大于40%，周留存率大于20%，月留存率大于10%才符合业务标准。

3. 漏斗模型分析

漏斗模型分析用于描述用户使用产品过程各个阶段中关键环节的用户转化和流失率

情况，比如，在日常活动运营中，通过确定各个环节的流失率，分析用户是怎么流失的，为什么会流失、在哪里流失，找到需要改进的环节，重点关注，并采取有效的措施来提升整体转化率。

步骤3：收集与处理用户行为数据

小叶公司的网站根据用户的消费能力，将用户划分为会员和普通用户，对不同用户群体采用了不同的运营方式。小叶了解网络用户行为分析的方法之后，决定采用漏斗分析模型对不同用户群体的转化率进行分析，收集网站近30天的用户转化数据并将其导入Excel表格中，图7-9、图7-10分别为普通用户和会员的行为数据。

用户行为	用户数
进入首页	5 899
浏览商品	3 567
加入购物车	1 565
提交订单	876
支付成功	56

图7-9　普通用户行为数据

用户行为	用户数
进入首页	3 899
浏览商品	2 201
加入购物车	1 178
提交订单	636
支付成功	301

图7-10　会员行为数据

为了更明确地查看这两类用户的转化情况，小叶又分别计算出了两类用户每种行为的转化率，并制成了漏斗图，如图7-11、图7-12所示。

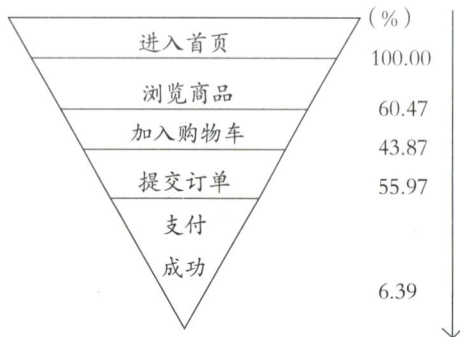

图7-11　普通用户转化漏斗

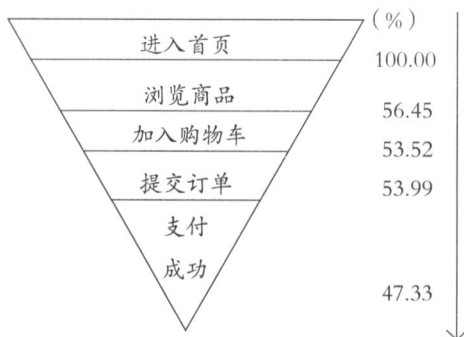

图7-12　会员转化漏斗

小叶通过漏斗图发现，普通用户与会员在其他环节的转化率都相差不大，唯有在"提交订单—支付成功"这个环节产生了巨大差异，普通用户在这一环节的转化率仅有6.39%，这可能反映了网站存在着营销计划不完整、商品定价不合理、支付流程烦琐等问题，需要小叶进一步探索。

活动2　学习基于大数据技术的个性化推荐与精准营销

小叶通过活动1的探索，发现了网站在经营中存在一些问题，这些问题导致转化率低

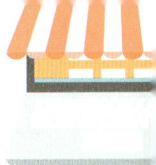

下和用户体验感不佳，于是，他决定利用基于大数据的个性化推荐与精准营销相关知识，探索普通用户转化率低下的原因，并提升其营销体验感。

步骤1：理解个性化推荐的基本原理

在进行实际操作之前，小叶需要理解个性化推荐的基本原理，为后续的实际操作提供理论基础。他通过阅读与课程学习，将自己理解的基本原理总结为以下内容：

个性化推荐是指基于个人信息控制者利用用户数据和算法，向用户推送新闻信息、商业广告等个性化内容的一种服务。它依赖于用户的个人数据，包括历史购买记录、搜索记录、浏览行为等多维度信息，需要通过深入分析这些数据，理解用户的兴趣和需求，然后向用户推荐符合其偏好的商品或服务。

个性化推荐系统的成功运行，离不开大数据技术的支持。大数据技术使得推荐系统能够处理海量的用户数据。通过对这些数据进行挖掘和分析，推荐系统能够更准确地了解用户的需求和兴趣。另外，大数据技术还提供了强大的数据处理和分析能力。推荐系统需要利用各种算法和模型，对用户数据进行深度分析，以发现用户之间的相似性、物品之间的相关性等关键信息。这些分析结果为推荐系统提供了精准的依据。

步骤2：探索个性化推荐与精准营销的设置

了解基本原理后，小叶开始实际操作探索。想要找到普通用户转化率低下的原因，首先需要了解用户，于是小叶收集了网站普通用户和会员的基础信息。包括年龄、性别、职业、地理位置、收入水平、教育程度等，并整理成了表格，如表7-6所示，希望借此找出二者的区别。

表7-6 普通用户和会员的基本信息

用户类型	年龄范围	性别比例	职业分布	地理位置	收入水平	教育程度
普通用户	20～45岁为主	大致平衡	学生、职员、自由职业者等	分布广泛，包括城市和农村	中低收入水平	本科及以下为主
会员	25～50岁为主	男性偏多	职员、企业管理人员、专业人士等	主要集中在一线城市	中高收入水平	本科及以上为主

小叶通过观察表格发现，普通用户可能相较于会员，在收入水平或消费习惯上存在显著差异，导致对价格的敏感度更高，进而在支付阶段犹豫。

了解了用户的基础属性之后，小叶认为需要进一步进行普通用户的消费行为分析，发现其在购物时的特征和偏好。他截取部分代表用户，并将其购物行为，包括历史浏览记录、购物车内容、购买记录，整理成了表格，如表7-7所示。

表7-7　普通会员的消费行为

用户ID	历史浏览记录	购物车内容	购买记录
U1001	沙发、茶几、电视柜	沙发（未购买）	无
U1002	床、床垫、床头柜	床垫、床头柜	床垫
U1003	餐桌、餐椅、灯具	餐桌、餐椅	无
U1004	书桌、书柜、椅子	书桌、书柜	书桌
U1005	灯具、窗帘、地毯	地毯（未购买）	无

　　用户U1001浏览了沙发、茶几和电视柜，仅将沙发加入购物车，但没有购买；用户U1002浏览了床、床垫和床头柜，并将床垫和床头柜加入了购物车，最终只购买了床垫，其他商品在支付阶段放弃购买；用户U1003浏览了餐桌、餐椅和灯具，将餐桌和餐椅加入购物车，在支付阶段放弃了购买；用户U1004浏览了书桌、书柜和椅子，并将书桌和书柜加入购物车，最终只购买了书桌；用户U1005浏览了灯具、窗帘和地毯，只将地毯加入购物车，在支付阶段放弃了购买。小叶发现这类放弃购买的普通用户往往更倾向于购买低价商品或促销商品，而网站目前未针对这部分用户进行足够的优惠活动或推荐。

　　小叶通过分析了解到网店的推荐内容与用户需求可能存在脱节的问题，算法未针对普通用户的消费能力和兴趣点进行精确推荐，导致用户看到的商品与预期不符，降低了购买意愿。回顾公司的营销策略，他发现简单地以消费能力进行用户划分可能是导致个性化推荐不够精准的问题，于是他根据普通用户的消费能力、兴趣爱好、职业、年龄、性别、地理位置等特征进行更细致的划分，以便为每个用户群体提供更为贴合其需求的推荐内容。

　　在解决了个性化推荐的问题之后，小叶还需要实现精准营销，提升用户体验的目标。于是，他接着分析网站对普通用户的营销策略，包括优惠券发放、促销活动、邮件推送等，发现普通用户未收到足够的营销刺激，且收到的营销信息也与他们的需求不匹配，所以转化率低下。于是他调整了营销策略，为普通用户提供更具吸引力的优惠活动和定向营销信息。

动手小练

　　假设你是某电商平台的销售负责人，主要负责零食商品的销售，请按照用户基础信息分析、用户消费行为分析、调整推荐逻辑、调整营销策略4个步骤为商品制订一份更能提升用户体验感的营销计划，填写表7-8。

表 7-8 营销计划

步骤	具体内容
用户基础信息分析	
用户消费行为分析	
调整推荐逻辑	
调整营销策略	

任务回顾

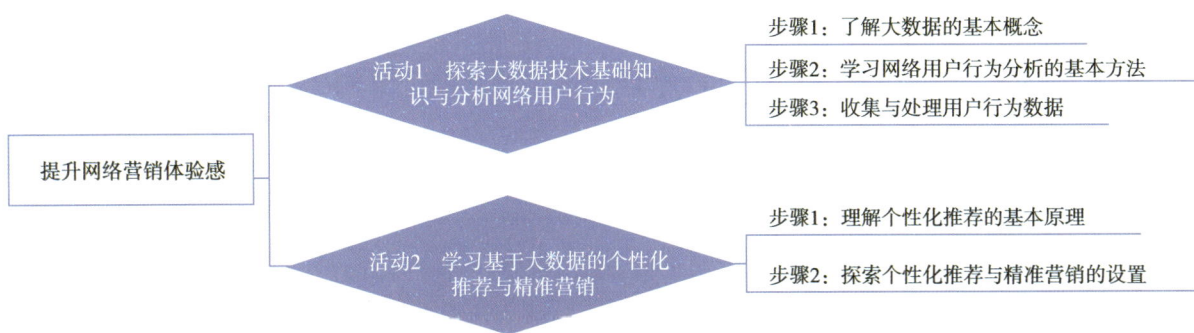

提升网络营销体验感

活动1 探索大数据技术基础知识与分析网络用户行为
- 步骤1：了解大数据的基本概念
- 步骤2：学习网络用户行为分析的基本方法
- 步骤3：收集与处理用户行为数据

活动2 学习基于大数据的个性化推荐与精准营销
- 步骤1：理解个性化推荐的基本原理
- 步骤2：探索个性化推荐与精准营销的设置

任务实训

利用大数据技术分析和洞察消费者行为实训——为广西水果网店制定个性化的推荐与精准营销策略

一、实训概述

通过本次实训，学生将掌握如何利用大数据技术分析和洞察消费者行为，优化网络营销策略，从而提升广西特产的网络营销体验感。

二、实训素材

（1）相关实训软件。

（2）智能手机实训设备。

三、实训内容

学生自由分组，并推选一名组长，由组长根据小组情况进行任务分工，最后以小组为单位针对实训背景进行实训操作。在实训中，教师指导并帮助学生完成实训内容。

四、实训背景

　　广西作为中国南方的一个多民族自治区，拥有丰富的特产资源，如砂糖橘、沃柑等。这些特产深受国内外消费者的喜爱。某网店主要在淘宝平台上售卖广西当地特色水果，但随着电子商务的快速发展，广西水果网店如雨后春笋般涌现，为消费者提供了便捷的购买渠道。然而，在激烈的市场竞争中，如何吸引和留住客户，提高销售额，成为该水果网店面临的重要问题。目前，网店存在着用户画像不清晰、推荐不精准、营销效果不佳等问题。

　　本次实训任务旨在通过大数据技术的应用，为广西水果网店制定个性化的推荐与精准营销策略，以提升用户体验和销售业绩。

五、实训任务

1. 数据收集

　　学生需要收集广西特产在各大电商平台的销售数据，包括销量、销售额、用户评价等，也需要收集消费者的浏览记录、购买记录、搜索关键词等用户行为数据，并完成表7-9的填写。

表7-9　数据收集

项目	数据
销量	
销售额	
用户评价	
浏览记录	
购买记录	
搜索关键词	

2. 用户画像构建

　　学生利用所学的网络营销知识和工具，完成以下内容的分析：

　　（1）基于收集到的数据，分析用户的年龄、性别、地域等基本特征。

　　（2）深入挖掘用户的消费习惯、购买频率、购买金额等信息。

　　（3）结合用户的浏览记录、搜索记录等数据，分析用户的兴趣偏好和需求。

3. 精准营销策略制定

　　学生根据数据分析结果，进行以下内容的优化调整：

　　（1）根据用户画像和推荐结果，制定针对不同用户群体的营销策略。

　　（2）结合节假日、促销活动等因素，制订周期性的营销计划。

　　（3）利用平台工具、邮件、社交媒体等渠道，实现精准营销信息的推送。

素养课堂

在数字经济蓬勃发展的今天，人工智能已成为网络营销的重要工具。然而，随着技术的广泛应用，用户数据的安全性和隐私保护问题也日益凸显。党的二十大报告为我们指明了方向，它强调数据安全与个人信息保护的重要性，为营销人员应用人工智能提供了宝贵的指导。

党的二十大报告指出："加快发展数字经济，促进数字经济和实体经济深度融合，打造具有国际竞争力的数字产业集群。"直播营销作为数字经济的典型代表，呼唤健康的营销环境。对于营销人员来说，这意味着必须遵循相关法律法规，制定严格的数据管理制度，确保用户数据在收集、存储和处理过程中的安全性。同时，加强个人信息保护也是党的二十大报告所强调的重点。营销人员在利用人工智能进行网络营销时，必须严格遵守个人信息保护法规，确保用户信息的合法、合规使用。通过加强信息审核和管理，可以及时发现并纠正任何滥用用户信息的行为，保护用户的合法权益，提升用户的信任度和满意度。

此外，加强国际合作与交流也是应对数据安全与隐私保护问题的重要途径。相关人员应积极参与国际竞争和合作，借鉴国际先进经验和技术手段，共同推动全球范围内的数据安全和隐私保护标准制定与实施。

总之，我们应遵循相关法律法规的规定，采取必要的技术和管理措施来保障用户数据的安全性和隐私。只有这样，我们才能在数字经济的大潮中稳健前行，为用户提供更加安全、可靠的网络营销服务。

项目评价

基于在本任务中的学习、探究及实训情况，进行学生自评、学生互评与教师点评，完成表 7-10 的填写。

表 7-10　项目评价表

考核内容	评价		
	学生自评	学生互评	教师点评
是否能梳理出网络营销场景的特点，并举出对应实例进行说明	□是 □否	□是 □否	□是 □否
是否能够正确阐述人工智能技术、大数据技术等定义，明确新兴技术对网络营销的影响	□是 □否	□是 □否	□是 □否
是否熟悉网络营销场景构建的新兴技术，掌握利用人工智能技术、大数据技术等进行营销场景构建的方法	□是 □否	□是 □否	□是 □否

参 考 文 献

［1］陈德人. 网络营销与策划（微课版）［M］. 2 版. 北京：人民邮电出版社，2022.

［2］郦瞻. 网络营销［M］. 3 版. 北京：清华大学出版社，2023.

［3］赵美玲. 网络推广实务［M］. 2 版. 北京：中国人民大学出版社，2023.

［4］商玮，段建. 网络营销［M］. 北京：电子工业出版社，2023.

［5］惠亚爱，乔晓娟. 网络营销：推广与策划（慕课版）［M］. 3 版. 北京：人民邮电出版社，2024.

［6］梁平. 网络营销案例分析［M］. 北京：中国人民大学出版社，2024.